Quilombos e Quilombolas
Passado e presente de lutas

L796q Lobão, Alexandre
Quilombos e quilombolas: passado e presente de lutas/Alexandre Lobão. – Belo Horizonte: Mazza Edições, 2014.
128 p.

1.Brasil-História. 2.Quilombos.I.Título.

CDD   981.027
CDU   981

ISBN 978-85-7160-647-0

Copyright 2014   by Alexandre Lobão

PRODUÇÃO EDITORIAL
Projeto gráfico e capa   Sílvia Calixto
Ilustrações   Rubem Filho, Dum
Mapas   Dum
Revisão   Lourdes da Silva do Nascimento

Direitos reservados à
MAZZA EDIÇÕES

Rua Bragança, 101 – Pompeia – 30280-410 – Belo Horizonte/MG
Fone: (31) 3481-0591 – edmazza@uai.com.br
www.mazzaedicoes.com.br

QUILOMBOS E QUILOMBOLAS
Passado e presente de lutas

Alexandre Lobão

MAZA
edições

Sumário

6	Introdução
9	Comércio de escravos para o Brasil
17	Origem dos escravos
20	Destino dos escravos
24	Origem dos quilombos
27	O que significa quilombo, afinal?
29	República de Palmares
40	Revoltas promovidas ou apoiadas por quilombos
47	O fim da escravidão no Brasil
54	A luta pelo direito às terras
57	A Constituição Federal de 1988 e o reconhecimento dos quilombolas
60	O Decreto nº 3.912, de 2001
61	O Decreto nº 4.887, de 2003
64	Instituições de apoio às comunidades quilombolas

"Existe uma história do povo negro sem o Brasil. Mas não existe uma História do Brasil sem o povo negro." *Januário Garcia*

70 • Processo para titulação de uma comunidade quilombola

80 • Importância da titulação das terras das comunidades quilombolas

84 • Quilombos e quilombolas hoje

87 • A identidade cultural e as tradições orais

90 • Uso das terras nas comunidades quilombolas

96 • Ecologia nas comunidades quilombolas

99 • O papel da mulher nas comunidades quilombolas

102 • A religião nas comunidades quilombolas

107 • Festividades religiosas nas comunidades quilombolas

109 • Danças nas comunidades quilombolas

114 • Música

116 • Desafios para o futuro

123 • Conclusão

125 • Referências

Introdução

Quando ouvimos falar de quilombos, logo nos vêm à mente as imagens incutidas pelos livros de História: esconderijos isolados no meio da mata, onde aqueles que escapavam do jugo da escravidão refugiavam-se e lutavam contra seus antigos senhores.

O que a maior parte das pessoas não sabe é que, mais de cem anos depois do fim da escravidão, muitos quilombos ainda existem e continuam sendo espaços de resistência, de luta pelos direitos daqueles excluídos pela sociedade. E o mais incrível é que não estamos falando de um ou dois grupos de remanescentes de quilombos, mas sim de mais de 3.500 comunidades espalhadas por quase todos os estados brasileiros, segundo estimativas recentes da Fundação Cultural Palmares, responsável por certificar essas comunidades como parte do processo para seu reconhecimento legal.

A Fundação Cultural Palmares, em conjunto com diversos centros de estudo da cultura negra e com o apoio de diversos pesquisadores, vem ajudando a derrubar outros conceitos, ou mesmo preconceitos, associados a quilombos e seus habitantes. Por exemplo, muitos livros tratam a escravidão e os movimentos dos negros contra seus opressores dentro de conceitos gerais, como se todos os que foram trazidos à força da África fizessem parte de um grande e uniforme grupo. Na verdade, os negros vinham de regiões diferentes, falavam diversas línguas, tinham religiões e costumes variados, e toda esta variedade não só se reflete nas diferenças dos quilombos atuais, como também foi um elemento essencial na construção da riqueza cultural brasileira.

Outra questão que até hoje é mal compreendida é a do isolamento dos quilombos na época da escravidão: embora efetivamente tenha havido muitos quilombos isolados, sem contato com o restante da sociedade nem com outros quilombos, vários eram próximos a cidades e estabeleciam relações comerciais com elas, vendendo produtos artesanais, de agricultura e pecuária e adquirindo outros que o quilombo não tinha como produzir. Além disso, diversos quilombos tinham fortes relações com outros, e não só comerciais — o famoso quilombo de Palmares, por exemplo, era na verdade uma confederação de diversos quilombos, que enviavam representantes para definir em conjunto os rumos do grupo junto ao seu líder, de forma semelhante a uma república.

O fato é que, ainda hoje, sabemos muito pouco sobre os quilombos, tanto aqueles criados à época da escravidão quanto os atuais, que continuam a luta de seus antepassados não só pelo direito à liberdade e à manutenção de sua cultura e de seu estilo de vida, mas também pela melhoria das condições de suas comunidades.

Todos nós brasileiros, quilombolas ou não, devemos nos engajar no esforço para pagar esta imensa dívida social com aqueles que foram, em primeiro momento, escravizados e, depois, abandonados à própria sorte. Para isso, podemos começar aqui, agora, com a arma mais poderosa da sociedade tecnológica de hoje: a informação.

Boa leitura!

COMÉRCIO DE ESCRAVOS PARA O BRASIL

Não é possível falarmos de quilombos e quilombolas sem conhecermos um pouco de sua origem, como vieram para o Brasil e como foi o processo histórico de mistura de sua cultura com a dos colonizadores. E tudo começa pela extração forçada dos negros de suas terras natais na África e sua venda como escravos no Brasil.

É bom lembrar que a escravidão não foi inventada no Brasil, e muito menos pelos portugueses. Quem não se lembra, por exemplo, de ter visto um filme sobre o Egito antigo, com escravos empurrando gigantescas pedras para construir as pirâmides?

Até mesmo o comércio de escravos, quase como objetos, não foi uma novidade da época da colonização da América: escravos já eram vendidos mais de 2.000 anos antes, nos mercados da Grécia e de Roma.

Talvez o único ponto que diferencie as práticas escravocratas realizadas pelos europeus do século XVI ao século XIX tenha sido a larga ampliação do comércio de escravos, que eram considerados mão de obra essencial ao crescimento da produção agrícola das colônias.

Quando se iniciou o período das grandes navegações, portugueses e outros povos europeus encontraram na África diversos entrepostos comerciais onde escravos eram vendidos ou trocados por tabaco, algodão, aguardente e outras mercadorias.

> Algumas pessoas também eram escravizadas como resultado de ataques a pequenas vilas, quando eram raptados pequenos grupos para serem vendidos em comércios de outras regiões.
>
> O mais antigo registro de envio de escravos africanos para o Brasil é uma carta escrita em 1533 pelo Capitão-Mor da Costa do Brasil, Pero de Góis, solicitando ao Rei a remessa de 17 negros para a sua capitania de São Tomé (também chamada de Paraíba do Sul), que ficava entre as atuais cidades de Itapemirim (no Espírito Santo) e Macaé (no Rio de Janeiro).
>
> Um segundo registro data de 29 de março de 1559, um documento em que D. Catarina de Áustria, regente de Portugal à época, autorizava cada senhor de engenho do Brasil, mediante certidão passada pelo governador-geral de sua capitania, a importar até 120 escravos.

Os homens, mulheres e crianças acabavam nesses mercados, sendo vendidos como mercadorias, pelos mais variados motivos: eram prisioneiros de guerras que ocorriam entre povos de etnias diferentes, ou até da mesma etnia; eram trocados por membros de suas comunidades, e até de suas próprias famílias, por comida ou pela quitação de alguma dívida; alguns eram prisioneiros condenados à escravidão por roubos, feitiçaria, assassinatos ou outros crimes; ou até mesmo poderiam ser parte de um tributo que uma tribo era forçada a pagar a outra, como retaliação após uma guerra.

Se a escravidão no Brasil começou assim, com algumas poucas dezenas, logo este infame comércio cresceu: se no primeiro século de colonização foram trazidos cerca de 50 mil escravos, no século seguinte foram mais de dez vezes este número. E se esses números já eram imensos, correspondentes à população de um pequeno país, no século XVIII eles mais que triplicaram: foram trazidos quase 1,7 milhão de escravos!

No século XIX, apesar de o tráfico de escravos para o Brasil ter sido extinto em 1855, ainda assim foi trazida para o país quase a mesma quantidade de escravos que em todo o século anterior.

Talvez neste ponto possamos encontrar algo diferente na escravidão decorrida das grandes navegações, em relação a outros registros de uso de trabalho escravo na história da humanidade: para manter a hegemonia econômica, os colonizadores europeus demandavam cada vez mais mão de obra escrava, como forma de sustentar as produções nos diversos ciclos econômicos que se sucederam entre os séculos XVI e XIX: cana-de-açúcar, café, ouro e diamantes...

Com a crescente demanda por escravos, este terrível comércio tornou-se um fim em si, com a criação de companhias especializadas na captura e no comércio de escravos para as Américas. Expedições eram realizadas por europeus e mercenários africanos com o objetivo de capturar grande número de escravos para atender às colônias.

No gráfico a seguir, apenas para termos uma noção de grandeza, é mostrada a curva de crescimento no número de escravos trazidos em cada período.

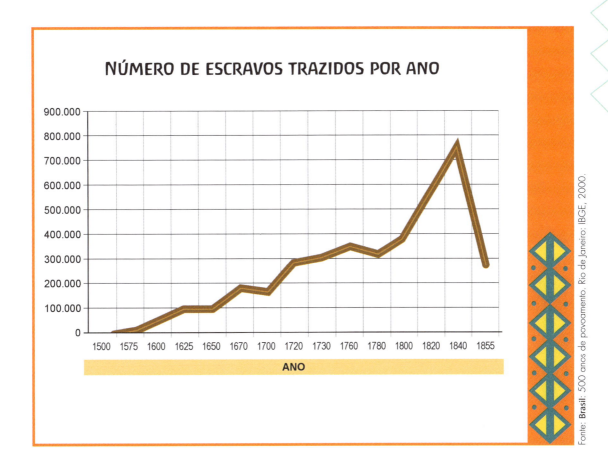

Fonte: **Brasil**: 500 anos de povoamento. Rio de Janeiro: IBGE, 2000.

Já em fins do século XVIII começaram em diversos pontos do mundo os movimentos pela proibição do trabalho escravo. O século XIX viu a escravidão ser extinta em diversos países da América, sendo o Brasil um dos últimos a fazê-lo. É curioso perceber no gráfico anterior que a partir de 1800 o tráfico de escravos deu um salto, e continuou crescendo pelo menos até 1840, mesmo com leis no Brasil que já proibiam este tráfico desde 1831.

No continente americano, o Brasil foi o país que importou mais escravos africanos. Neste intervalo entre o século XVI e meados do XIX, foram forçados à escravidão no país cerca de quatro milhões de homens, mulheres e crianças, quase 40% de todo o comércio negreiro para as Américas, como podemos ver na tabela comparativa a seguir.

Quantidade de escravos levados da África durante os séculos XVI a XIX

DESTINO DOS ESCRAVOS	QUANTIDADE (EM MILHARES)
Europa	50
Ilhas Atlânticas	25
São Tomé	100
América Espanhola	1.662
Brasil	4.030
Antilhas Britânicas	1.636
Antilhas Francesas	1.700
Antilhas Holandesas	438
Antilhas Dinamarquesas	47
América Britânica e Estados Unidos	560

Fonte: Referência 8 do livro "Quilombolas – Tradições e Cultura de resistência", Rafael Sanzio Araújo dos Anjos, com fotografias de André Cypriano, Aori Comunicação, 2006".

Falando assim, de números tão grandes, é fácil nos perdermos nas estatísticas e nos esquecermos do lado humano, não nos lembrarmos de que estamos falando de pessoas como eu e você, arrancadas de seus lares, de sua terra e jogadas em uma realidade cruel, na qual eram obrigadas, à força dos chicotes e dos castigos, a trabalharem simplesmente para poderem se manter vivas.

Vamos, então, falar um pouco sobre o poema "Navio negreiro", de Castro Alves, que tão bem expressa esta imensa tragédia que foi o comércio de escravos para o Brasil.

Trecho do poema "Navio negreiro", de Castro Alves

Diferentemente dos livros de ficção, cujo objetivo é justamente nos emocionar, quando lemos um livro didático ou paradidático muitas vezes absorvemos a informação, mas nem sempre sentimos o impacto emocional do que está sendo falado ali.

Vamos fazer agora uma pausa para prestarmos atenção na profundidade do que estamos falando. Quando falamos em números, 6 milhões de negros tirados da África, dos quais 2 milhões morreram no transporte para o Brasil, muitas vezes o mais importante se perde nesta informação estatística: estamos falando de milhões de vidas, milhões de pessoas retiradas de seus lares e mortas ou submetidas à escravidão.

"Navio negreiro" (1827 - 1835), obra de Johann Moritz Rugendas.

As pessoas escravizadas eram transportadas para o Brasil em condições desumanas.

Então vamos aproximar nosso olhar e acompanhar parte do poema "Navio negreiro", para entendermos um pouco mais do lado humano, do drama de cada um daqueles homens, mulheres e crianças arrancados de seus lares para trabalharem forçados como escravos.

Não é o caso de incluirmos aqui todo o belo poema de Castro Alves, mas não podemos deixar de destacar alguns pontos altos desta obra que mexe com os corações dos leitores desde que foi escrita.

Comecemos vendo alguns versos da primeira parte do texto, em que o poeta destaca a beleza do mar e o prazer que sentem os marinheiros ao cruzá-lo:

I

'Stamos em pleno mar... Doudo no espaço
Brinca o luar — dourada borboleta;
E as vagas após ele correm... cansam
Como turba de infantes inquieta.

'Stamos em pleno mar... Do firmamento
Os astros saltam como espumas de ouro...
O mar em troca acende as ardentias,
— Constelações do líquido tesouro...

...

Bem feliz quem ali pode nest'hora
Sentir deste painel a majestade!
Embaixo — o mar em cima — o firmamento...
E no mar e no céu — a imensidade!

Oh! que doce harmonia traz-me a brisa!
Que música suave ao longe soa!
Meu Deus! como é sublime um canto ardente
Pelas vagas sem fim boiando à toa!

Na terceira e na quarta partes do poema, o autor aproxima seu olhar como uma águia que descesse das alturas e que a partir da beleza do oceano mergulhasse até os porões de um navio negreiro, vendo toda a dor da multidão de corpos desumanizados que ali foi comprimida, como mercadoria a ser vendida além-mar.

...
Desce do espaço imenso, ó águia do oceano!
Desce mais... inda mais... não pode olhar humano
Como o teu mergulhar no brigue voador!
Mas que vejo eu aí... Que quadro d'amarguras!
É canto funeral! ... Que tétricas figuras! ...
Que cena infame e vil... Meu Deus! Meu Deus! Que horror!

Era um sonho dantesco... o tombadilho
Que das luzernas avermelha o brilho.
Em sangue a se banhar.
Tinir de ferros... estalar de açoite...
Legiões de homens negros como a noite,
Horrendos a dançar...

Negras mulheres, suspendendo às tetas
Magras crianças, cujas bocas pretas
Rega o sangue das mães:
Outras moças, mas nuas e espantadas,
No turbilhão de espectros arrastadas,
Em ânsia e mágoa vãs!

E ri-se a orquestra irônica, estridente...
E da ronda fantástica a serpente
Faz doudas espirais...
Se o velho arqueja, se no chão resvala,
Ouvem-se gritos... o chicote estala.
E voam mais e mais...

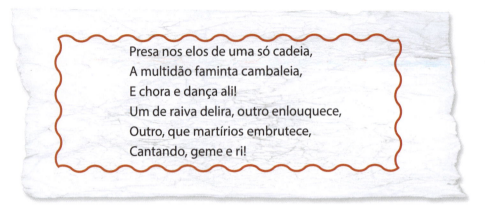

Presa nos elos de uma só cadeia,
A multidão faminta cambaleia,
E chora e dança ali!
Um de raiva delira, outro enlouquece,
Outro, que martírios embrutece,
Cantando, geme e ri!

Por fim, na quinta parte do poema, Castro Alves ainda retorna à terra de origem dos negros escravizados, lembrando mais uma vez ao leitor que aquelas figuras sofredoras são homens, mulheres e crianças que outrora eram livres e orgulhosos.

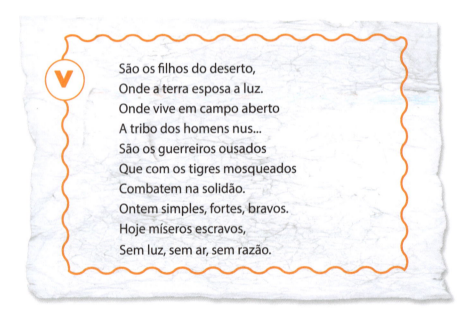

V

São os filhos do deserto,
Onde a terra esposa a luz.
Onde vive em campo aberto
A tribo dos homens nus...
São os guerreiros ousados
Que com os tigres mosqueados
Combatem na solidão.
Ontem simples, fortes, bravos.
Hoje míseros escravos,
Sem luz, sem ar, sem razão.

Os escravos que aportavam no Brasil, segundo o poeta, eram homens simples, que viviam nus, em campo aberto, combatendo tigres.

Por mais bela e poética que seja essa imagem, hoje sabemos que na verdade os negros vinham de povos muito variados, dos mais diferentes graus de desenvolvimento, com culturas e religiões diversas. Vamos, então, falar agora um pouco mais sobre as variadas terras de origem dos diversos grupos que foram trazidos à força como escravos.

ORIGEM DOS ESCRAVOS

Durante os séculos em que durou a escravidão, foram trazidos ao Brasil negros de diversas regiões da África: desde a região da Costa do Marfim, na parte centro-ocidental da África, até onde fica Moçambique, na parte sudeste do continente.

Nos primeiros séculos da escravidão, até o fim do século XVII, a maior parte dos escravos era oriunda da costa oeste africana, principalmente região da Guiné e da Costa do Marfim, e destinavam-se principalmente ao Nordeste e ao Sul do Brasil. Os negros desta região são muitas vezes simplesmente denominados sudaneses, mas na verdade eles possuem diversas denominações étnicas: são os ewe-fon, iorubás, nagôs, jejês, hauçás e outros.

"Diferentes nações negras" (1827-1835), obra de Johann Moritz Rugendas.

Os negros escravizados vinham de povos variados, com diferenças sociais, culturais e religiosas.

Nos séculos seguintes, as companhias que traficavam escravos concentraram-se em trazê-los do sudoeste e sudeste da África, do grupo dos bantos, que também vinham de etnias variadas, como os quimbundos, lundas, baxubas e baxongos. Esses escravos, trazidos das regiões do Congo, Angola e Moçambique, eram vendidos principalmente nos comércios do Rio de Janeiro, São Paulo e Recife.

É curioso perceber que o tráfico de escravos, que se iniciou no oeste africano no século XVI, foi se deslocando para o sul em busca de novos mercados que atendessem à demanda crescente por escravos, chegando até a cruzar o Cabo da Boa Esperança, no extremo sul da África. No último século da escravidão, foram trazidos ao Brasil escravos até de Moçambique, que fica no leste do continente.

No mapa a seguir, temos uma noção da origem e do destino dos escravos que chegaram ao Brasil.

Portugal é um país com ricas tradições culturais, muitas das quais nascidas de suas interações com outros povos, mas ainda assim trata-se de apenas um país, com uma relativa homogeneidade em suas tradições, etnia e cultura.

No Brasil, em contrapartida, vemos uma imensa diversidade étnica, cultural e até linguística. Observamos extremos diferentes de hábitos alimentares, festejos, práticas religiosas, sotaques e termos regionalistas na língua quando viajamos do Norte ao Sul do país.

Embora a influência da colonização portuguesa na cultura atual do Brasil seja incontestável, não há como negar que nossa variedade nasceu dos muitos povos que vieram a fazer parte de nosso caldo étnico e cultural. Se hoje o Brasil é um dos países com maior variedade e riqueza culturais, devemos agradecer aos minas, congos, jejês ou hauçás, aos nagôs ou iourubás e aos ewe-fons, do noroeste africano; aos congos, angolas, lundas, quetos, quimbundos, baxubas e baxongos da região central ou sul da África; aos benguelas ou moçambiques do leste africano, e muitos outros.

"Diferentes Nações Negras", "Escravas negras de diferentes nações" (1834 - 1839), obra de Jean Baptiste Debret.

Escravos ou não, representantes desses povos ajudaram o Brasil a se tornar a grande nação que é hoje; e é obrigação de todo brasileiro conhecer este passado para podermos, juntos, construir um futuro no qual as oportunidades sejam iguais para todos — inclusive os descendentes desses escravos, que ainda hoje lutam por seus direitos.

DESTINO DOS ESCRAVOS

Do século XVI até o XVIII, o mercantilismo foi a teoria econômica que mais influenciou as nações europeias. Segundo esse conjunto de ideias, a prosperidade e a força de uma nação estavam diretamente associadas ao capital que ela possuía. Este capital era representado pela quantidade de metais preciosos que a nação acumulava e era afetado principalmente pela balança comercial dos países.

Para assegurar, portanto, a superioridade de sua nação, os regentes tinham que garantir um fluxo constante de riquezas para o país, mantendo a quantidade de exportações maior que a de importações. Essa corrida por riquezas exigia uma quantidade de produtos cada vez maior e gerou os diversos ciclos econômicos de exploração das colônias.

> Balança comercial é o nome dado ao equilíbrio entre o que um país vende aos outros (suas exportações) em relação ao que ele precisa comprar para se manter (suas importações). A balança comercial é positiva, ou seja, o país está ficando mais rico, quando suas exportações são maiores que suas importações.

As ondas de comércio de produtos se sucediam, e sempre os escravos eram a resposta para continuar tornando a colônia portuguesa, e depois o império brasileiro, lucrativos para aqueles que detinham os poderes econômico e político.

No início da colonização, nos séculos XVI e XVII, houve um grande afluxo de escravos para a região Nordeste, para trabalhar no cultivo e nos engenhos de cana-de-açúcar. Com o declínio da produção de cana-de-açúcar, os escravos foram deslocados para outras culturas, como a do café e a do tabaco, ou eram vendidos para outras regiões como forma de conseguir verbas para saldar as dívidas contraídas pelos senhores de engenho.

Já na região Norte, onde ficam atualmente os estados do Amazonas, Pará e Maranhão, a mão de obra escrava começou a ser utilizada em maior quantidade com o crescimento da produção de cacau, na segunda metade do século XVIII.

A princípio, os índios da região eram escravizados para trabalharem no extrativismo de cacau, mas em 6 de junho de 1755 o Marquês de Pombal promulgou uma lei que proibia o uso de índios como escravos em todo o país – mais de um século antes da libertação dos escravos negros!

Com essa proibição, iniciou-se um forte comércio de escravos negros para a região, comandado pela Companhia Geral do Grão-Pará e Maranhão, que detinha o monopólio do comércio escravocrata.

Jogar Capoeira(1827-1835), obra de Johann Moritz Rugendas.

Além de sua força de trabalho, cada povo africano trouxe sua cultura e suas tradições.

Com a descoberta de ouro e diamantes na região de Minas Gerais e no Vale do Ribeira, em São Paulo, em fins do século XVII e por todo o século XVIII, o comércio de escravos se deslocou para esta região. Com o declínio da produção da cana-de-açúcar, além dos negros que vinham da África houve também o deslocamento de escravos do Nordeste para o Centro do país.

A procura do ouro era realizada por meio de lavagem, ou seja, sem escavação, diretamente no leito dos rios. Assim, diversos mineradores se estabeleceram à beira do Rio Ribeira e de outros da região, dando origem a povoados como Vila de Iguape, Ivaporunduva, Iporanga e Apiaí.

Era prática comum em todo o Brasil que os senhores deixassem os escravos trabalharem para si em domingos e dias santos. Enquanto em outras regiões esses dias eram usados para descanso ou cultivo de produtos para consumo próprio ou mesmo para venda, em Minas Gerais e em São Paulo muitos escravos mineravam ouro para si, o que permitiu que vários deles comprassem a sua alforria e se tornassem eles mesmos mineradores, muitas vezes donos de escravos. Resultados dessa prática são vistos até hoje, como a capela de Nossa Senhora do Rosário, na comunidade de Ivaporunduva, que foi construída com o lucro que os escravos retiravam nesses dias, e em torno da qual nasceu o vilarejo onde, até hoje, a maioria da população é negra.

Com a decadência da mineração, iniciou-se nessa região a cultura do arroz, que posteriormente foi incorporada por grandes produtores e se tornou o principal produto da região no século XIX.

Nas demais regiões do estado de São Paulo, o período de maior entrada de escravos foi durante a expansão do café, no vale do Paraíba, e que se espalhou por diversas regiões, tornando-se o principal produto de exportação do país nas primeiras décadas do século XIX.

Como vimos, cada região do país teve um atrativo econômico diferente, em momentos distintos do período da escravidão. A origem dos negros que sofriam com o tráfico de escravos também mudava de tempos em tempos, de forma que muitas das diferenças culturais que vemos hoje entre regiões brasileiras são motivadas pelo fato de o trabalho escravo em cada região ter sido realizado por membros de diferentes povos.

ORIGEM DOS QUILOMBOS

Um dos mitos que por vezes são repetidos sem que pensemos a respeito é o de que "os negros eram mais dóceis que os índios, por isso se prestavam mais à escravidão".

Nada poderia ser mais errado. Nenhum ser humano aceitaria "docilmente" ser retirado para longe de sua terra e de seu povo, ser forçado a trabalhar sem pagamento, e ainda sofrendo humilhações e castigos físicos!

Os negros foram a maior parte dos escravos nas Américas simplesmente por uma questão comercial: era mais barato comprar escravos de mercadores da África, ou apoiar expedições de mercenários especializados na captura de escravos naquele continente, do que organizar grandes expedições para avançar sobre uma terra desconhecida na esperança de encontrar aqui índios para escravizar.

Uma vez trazidos aos diversos países da América, os negros tampouco aceitaram docilmente sua condição de escravos: lutavam em pequenos grupos ou em grandes revoltas, fugiam sempre que podiam e se organizavam após essas fugas não só para se protegerem dos escravistas, mas também para tentarem recuperar um pouco do estilo de vida que tinham quando viviam na África.

O primeiro registro de um quilombo nas Américas é de 1522, na ilha de Hispaniola. A partir daí são múltiplos os registros de comunidades de escravos fugidos que se organizavam em comunidades livres, por toda a América.

No Brasil, os quilombos tiveram diversas origens e abrigaram moradores das mais variadas etnias.

> As comunidades quilombolas receberam vários nomes nas diversas regiões do Novo Mundo: quilombos, mocambeiros ou mocambos no Brasil; palenques na Colômbia e em Cuba; cumbes na Venezuela; maroons no Haiti, Jamaica, Estados Unidos, Guianas e ilhas do Caribe francês; cimarrons em diversas partes da América espanhola; e bush negroes na Guiana Francesa.

24

Nos primeiros tempos da escravidão, os territórios dos quilombos eram apenas áreas remotas, escolhidas pelos escravos fugidos, normalmente à beira de rios ou em locais onde julgassem que teriam alguma vantagem na defesa da comunidade.

Com o tempo, no entanto, apareceram quilombos de diversas outras origens.

Ao fim dos ciclos econômicos do algodão e da cana-de-açúcar, por exemplo, diversos senhores de escravos falidos e sem condição de manter sua terra ou seus escravos doaram parte das terras para seus escravos, concedendo-lhes a liberdade para que sobrevivessem por conta própria. Outros senhores também deixavam pedaços de suas propriedades como herança para seus escravos, que passavam a possuir legalmente a área em que viviam e da qual tiravam seu sustento.

Outras terras foram compradas pelos próprios escravos ou ex-escravos, com dinheiro ganho de atividades que podiam exercer nos dias de folga.

Diversas vezes escravos foram convocados a participar de guerras, como a Guerra do Paraguai, ou lutar lado a lado com o exército para conter revoluções internas, como a Balaiada, ou ainda prestar outros serviços ao Estado. Além da liberdade, muitos recebiam terras como pagamento por seus serviços, e nestas terras diversas comunidades também se estabeleceram, formando quilombos.

Há ainda as chamadas "terras de santo" ou terras de santíssima, recebidas por negros libertos ou escravos como pagamento por serviços religiosos, como por exemplo ajuda na construção de igrejas ou, até mesmo, como pagamento por curas de senhores de escravos

> Ana Emília Moreira Santos, moradora da comunidade quilombola de Matões dos Moreira, no Maranhão, falando das tradições orais da comunidade sobre a origem dos quilombos, explica que havia dois tipos de quilombos: aqueles formados por escravos que fugiam da escravidão e viviam escondidos, e aqueles criados em terras herdadas de fazendeiros.

ou suas famílias atribuídas a benzedeiras ou negros sacerdotes de cultos afro-brasileiros.

Durante as lutas pela abolição, houve até mesmo quilombos estabelecidos por abolicionistas em suas fazendas, onde eram abrigados todos aqueles que conseguiam fugir de seus senhores.

E se a origem das terras dos quilombos é tão variada, o mesmo se pode dizer de sua população. Ao contrário do que se pensava até pouco tempo atrás, as comunidades quilombolas não eram apenas refúgios para ex-escravos que fugiam de seus senhores. Sendo comunidades economicamente ativas, e que na maioria das vezes mantinham certa independência do governo e de outras comunidades, os quilombos atraíam: índios; mulatos ou brancos que, fugindo dos grandes centros por falta de oportunidades, procuravam construir uma nova vida; muitos perseguidos pela justiça e pela Igreja; soldados desertores; europeus que se sentiam excluídos da sociedade por motivos variados; negros livres que optavam por viver naquelas comunidades; e até mesmo vendedores e aventureiros que, em suas peregrinações, acabavam se estabelecendo por ali.

Apesar de existir, sim, uma forte componente étnica, já que a maioria da população dos quilombos era e ainda é negra, a característica mais significativa dos quilombos antigos e atuais é o fato de serem núcleos de resistência, ontem contra a escravidão, hoje contra a desigualdade, a indiferença e os preconceitos da sociedade.

"Habitação de Negros" (1827 - 1835), obra de Johann Moritz Rugendas.

O QUE SIGNIFICA QUILOMBO, AFINAL?

Não há consenso entre os diversos pesquisadores sobre a origem exata da palavra quilombo, embora seu significado seja bem estabelecido.

Alguns historiadores dizem que a palavra vem do termo "Ochilombo" ou "Kilombo", palavra do idioma quimbundo (uma das línguas dos bantos), que pode ser traduzida como habitação, acampamento, povoado ou arraial. Ainda há quem indique que, na região central da Baía do Congo, "quilombo" é usado para designar um "lugar para estar com Deus".

Entre "habitação" e "lugar para estar com Deus", independentemente de todas as variações possíveis de significados, podemos inferir que para seus moradores originais quilombo significava, simplesmente, "lar".

No Brasil, a definição do Estado para quilombo mais antiga de que se tem conhecimento é uma carta enviada pelo rei de Portugal em resposta a uma consulta do Conselho Ultramarino, órgão que cuidava de quaisquer assuntos relativos às colônias de "além-mar" de Portugal, incluindo o Brasil, Índia e Guiné, entre outras regiões. Nesta carta, datada de 2 de dezembro de 1740, o rei dizia que quilombo era "toda habitação de negros fugidos que passem de cinco, em parte despovoada, ainda que não tenham ranchos levantados nem se achem pilões neles".

Por essa definição, quase todo o Brasil se convertia em um grande quilombo, pois era difícil encontrar alguma região onde não

> Os quilombos também são chamados de "mocambos", palavra que vem de mukambu, que significa telhado, uma referência às casas que os escravos montavam rapidamente assim que se estabeleciam em um lugar, sem paredes nem divisões internas, já que estavam sempre na iminência de fugirem para outra região.

houvesse pelo menos algumas dezenas de grupos de escravos fugidos, desde o Amazonas até o Rio Grande do Sul.

Essa definição exagerada não foi dada pelo regente sem um bom motivo: com isso, ele pretendia combater a formação de quilombos desde seu início, já que, nessa época, Portugal ainda se recuperava da surpresa que teve ao descobrir a dimensão de Palmares, mais que um quilombo, uma verdadeira nação negra incrustada no Nordeste brasileiro.

Vamos conhecer um pouco mais sobre esta nação, muitas vezes chamada de quilombo, mas que mais propriamente pode ser chamada de República de Palmares.

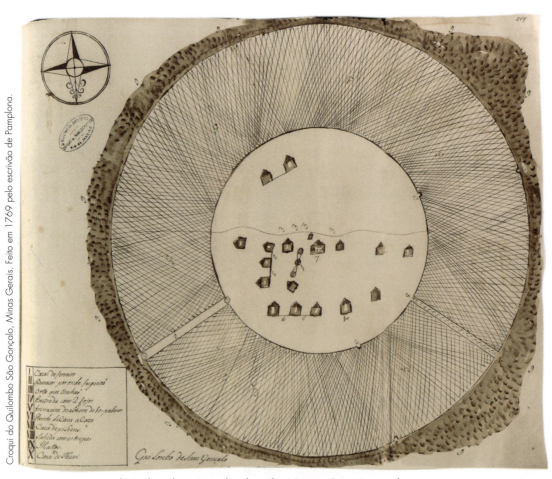

Croqui do Quilombo São Gonçalo, Minas Gerais. Feito em 1769 pelo escrivão de Pamplona.

Neste desenho de um quilombo de Minas Gerais, podemos ver as construções que o formavam.

República de Palmares

Os quilombos começavam como pequenas comunidades, que muitas vezes precisavam se servir de extrativismo, caça, pesca e mesmo roubo de alimentos para sobreviver.

À medida que cresciam, no entanto, começavam a se organizar melhor, com agricultura de diversos produtos para subsistência, criação de bovinos, suínos e aves, variando obviamente de acordo com os recursos de que dispunham em cada região. Nesta etapa, normalmente eram estabelecidas áreas comunitárias para beneficiamento de alimentos, como a Casa da Farinha, local onde se produzia farinha a partir de mandioca, ou cozinhas comunitárias.

Continuando o crescimento, os moradores da comunidade começavam a se preocupar com segurança, e apareciam novos papéis: além dos caçadores, dos pescadores, dos agricultores e dos criadores de animais, apareciam aqueles responsáveis pela segurança do quilombo.

Quando chegavam a este nível, as comunidades normalmente estabeleciam relações formais de economia, religião e governo, com líderes escolhidos por cada comunidade.

Palmares foi um passo além, reunindo diversas comunidades sob um mesmo governo. Não havia, na verdade, um quilombo que tivesse o nome de "Palmares", mas sim uma região que abrigava diversos quilombos, a "região palmarina".

> Há diversos relatos que indicam que quilombos mais organizados mantinham patrulhas que vigiavam a região em busca de invasores, além de grupos armados responsáveis pela defesa da comunidade em caso de ataque. Além das armas adquiridas como resultado de lutas contra invasores, muitos quilombos desenvolviam um ativo comércio com as cidades próximas, quando trocavam alimentos, fumo e outros de seus produtos por armas e artigos que não tinham como produzir.

"Carregadores transportando café" (1834 - 1839), obra de Jean Baptiste Debret.

Cada quilombo dessa região possuía um líder, e os líderes se reuniam para deliberar questões que envolviam todas as comunidades, sob a tutela de um líder maior, de maneira semelhante às regras de uma república, pelo que alguns pesquisadores optam por chamar esses quilombos de "República de Palmares".

Há muitas informações contraditórias sobre as dimensões reais de Palmares, sua população, sua sociedade e história, e com certeza muito a se pesquisar, mas os estudos atuais nos permitem ter pelo menos uma visão geral do que era Palmares em seus anos de maior desenvolvimento.

Os primeiros registros de quilombos na região dos atuais estados de Pernambuco e Alagoas datam de 1580, embora seja usual indicar 1605 como sua data de formação. Quando os últimos quilombos da confederação foram destruídos, já em 1710, Palmares já ocupava um território de cerca de 260 quilômetros de extensão por 130 quilômetros de largura, em uma faixa territorial paralela à costa que se iniciava próximo a Cabo de Santo Agostinho, em Pernambuco, e ia até a parte norte do Rio São Francisco, em Alagoas. Era um verdadeiro estado africano livre, incrustado dentro da colônia portuguesa, e, caso não tivesse sido destruído, quem sabe hoje não seria um país diferente, independente do Brasil.

Com base em documentos da época e cálculos de acordo com sua extensão, estima-se que habitavam as comunidades de Palmares entre 6 e 30 mil habitantes, embora há quem julgue que este número pudesse chegar a 50 mil pessoas.

A imagem a seguir mostra as posições estimadas dos diversos quilombos que faziam parte da confederação de Palmares.

Fonte: Mapa adaptado de "Liberdade por um Fio: História dos Quilombos no Brasil", Companhia das Letras, 1996, de João José Reis e Flávio dos Santos Gomes.

Segundo podemos ver neste mapa, eram muitos os quilombos da região palmarina: Acotirene ou Acotirese, os dois quilombos das Tabocas, Dambranga, o quilombo governado por Zumbi, que levava seu nome, Osenga, o quilombo de Amaro, que também era chamado de "cerca do Amaro", o de Andalaquiduche, governado pelo irmão de Zumbi, além de diversos outros menores.

Em cada um desses quilombos o líder é que tomava todas as decisões, de maneira independente, porém em ocasiões de guerra ou em situações que envolvessem mais de uma comunidade os líderes se reuniam para deliberar sob as ordens do chefe da República, na Casa do Conselho, que ficava na capital de Palmares.

Os dois principais quilombos da região eram o do Macaco, a capital, e o de Subupira, o quartel-general de Palmares.

O quilombo do Macaco, ou "Cerca Real do Macaco", ficava na Serra da Barriga, em Alagoas, onde hoje é a cidade de União de Palmares. Era uma cidade altamente organizada, com ruas, cisternas, casas comunitárias para beneficiamento de alimentos ("casa da farinha" ou "casas de pilões"), casas de teares, ferrarias para produção de instrumentos de ferro, hortas comunitárias e espaços para a produção de instrumentos artesanais de palha e barro.

Na Cerca Real do Macaco, a religião predominante era o Cristianismo, mesclado por forte sincretismo religioso com costumes remanescentes de religiões africanas. Havia uma capela na capital com imagens do menino Jesus, Nossa Senhora da Conceição e São Brás, onde eram realizadas cerimônias religiosas que, além de missas muito semelhantes às dos portugueses, envolviam danças com batidas de pé no chão e cantorias.

A cidade era totalmente cercada por uma grande muralha de madeira, que possuía três grandes entradas principais e diversas outras menores, escondidas, para serem usadas como rota de fuga em caso de invasão. O historiador Sebastião da Rocha Pita, contemporâneo de Palmares, escreveu em seu História da América Portuguesa, publicado em 1730, que, "Em tempo de paz, nas três plataformas que se localizavam sobre as três portas principais do mocambo do

Macaco havia uma constante vigilância". Ele diz ainda que cada uma das portas era guardada por "um de seus capitães de maior posição e mais de 200 soldados".

Além da cerca que protegia o quilombo, havia à sua volta estacas construídas com madeiras das mais resistentes, para dificultar o avanço de tropas inimigas, e do lado de dentro das cercas os quilombolas construíram um grande fosso, de forma que um eventual exército que conseguisse romper o cercado ainda teria mais um obstáculo a superar.

Todo esse aparato de defesa era completado pelo equivalente antigo das atuais minas de solo: estrepes eram espalhados não apenas dentro do fosso, mas disfarçados no solo entre as estacas e em diversos locais na região em volta do quilombo, dificultando em muito os ataques inimigos. Esta arma, forjada nas ferrarias do próprio quilombo, era altamente estratégica, pois, quando um soldado pisava em um estrepe, ele se feria e precisava de um outro soldado para socorrê-lo, incapacitando com isso dois soldados.

> O estrepe é uma arma antipessoal feita de dois ou mais pregos ou espinhos, colocados de tal maneira que um deles aponta sempre para cima, assentando numa base estável — formando, por exemplo, um tetraedro.

Já o quilombo de Subupira, também chamado de "Cerca de Subupira", era o quartel-general da República, onde os soldados enviados por todos os quilombos da região recebiam instrução militar.

Como a Cerca Real do Macaco, Subupira também era uma grande cidade, com mais de 800 casas, e completamente cercada por uma muralha construída com pedras e madeira. Fossos acompanhavam a cerca pelo lado de dentro e pelo lado de fora, além de também se manter a linha de defesa com estacas de madeira e estrepes que tornavam quase impossível o acesso das tropas inimigas.

Se a princípio a segurança das comunidades de Palmares se limitava a pequenas patrulhas que defendiam a região, com seu crescimento foi formado todo um exército que era treinado em Subupira. O exército era bem armado com lanças, arcos e flechas e armas de fogo, algumas tomadas de atacantes, mas muitas delas compradas nas cidades vizinhas. Em 1670, o governo da região já expressava sua preocupação com este comércio de armas para os quilombos, dizendo ao rei de Portugal que estava ciente das "muitas e contínuas mortes e assassinatos que se cometem a espingarda nesta Capitania e anexas por escravos, mulatos, forros e cativos".

A base da economia dos quilombos de Palmares era a agricultura, mas diferentemente dos grandes latifúndios comuns na época os quilombos mantinham diversas culturas: milho (seu principal produto, que podia ser colhido duas vezes ao ano), mandioca, banana, cana-de-açúcar, feijão, batata-doce, além de outros produtos, como o algodão, usado para produzir roupas nos teares das comunidades.

A grande diferença em relação às cidades dominadas pelos portugueses é justamente a forma como esta produção era realizada e distribuída: a produção era comunitária, ou seja, todos os que não estavam ativamente envolvidos em outras atividades do quilombo davam sua contribuição, fosse no plantio, na colheita ou no transporte dos produtos. Toda a produção era levada para armazéns comunitários, de onde saía indistintamente para alimentar todos os integrantes do quilombo. Os excedentes da produção eram comercializados com outros quilombos ou mesmo com cidades vizinhas, abastecendo a comunidade com bens que eles não produziam.

A agricultura era completada pela criação de galinhas e suínos (curiosamente, não havia criação de bovinos nas comunidades

> Vemos, portanto, que eram grandes as diferenças entre as comunidades dos quilombos e as das cidades vizinhas: não havia impostos a pagar, todos prosperavam juntos, e embora haja relatos de escravos mesmo entre os quilombolas, a relação destes com seus senhores era mais branda que a dos portugueses, aproximando-se mais da relação dos camponeses com os senhores feudais da Idade Média da Europa — o escravo trabalhava para seu senhor em troca de proteção, mas não sofria castigos nem abusos.

de Palmares), e os produtos eram distribuídos pela comunidade – não havia venda de alimentos dentro do quilombo. As leis eram consagradas por usos e costumes, sendo que a própria comunidade fiscalizava o respeito a estes costumes e os líderes atuavam como intermediadores no caso de conflitos.

Esta organização das comunidades de Palmares tornou-as atrativas para muitos escravos, que fugiam à procura de um de seus quilombos, mas também para homens livres de todas as etnias, que viam em Palmares uma oportunidade para iniciar uma nova vida.

O crescimento de Palmares não passou despercebido das autoridades portuguesas, que entre 1630 e 1695 enviaram quase vinte expedições punitivas, que atacaram a capital, mas não conseguiram derrotá-la.

Já em 1678, o então rei de Palmares, Ganga-Zumba, percebeu que os ataques eram cada vez mais ferozes e que a Cerca Real do Macaco eventualmente iria cair ante os agressores, e seguindo esta queda os demais quilombos não resistiriam muito tempo.

Não vendo outra alternativa, neste ano Ganga-Zumba solicitou uma reunião com as autoridades portuguesas para negociar um tratado de paz. Ele e sua delegação foram recebidos pelo governador da capitania com as honras que eram prestadas a embaixadores de outras nações; no entanto, as negociações foram difíceis, e os termos impostos para o fim das hostilidades às comunidades dos quilombos foram os seguintes:

1. Que escolhessem o local para suas habitações e plantações.
2. Que em três meses se recolhessem ao local que escolheram.
3. Liberdade para os negros nascidos nos Palmares, conforme proposta do rei Ganga-Zumba.
4. Que fossem restituídos pelo quilombo os escravos que haviam fugido dos engenhos e fazendas.
5. Que poderiam comercializar e relacionar-se com os brancos.

6. Que teriam o *status* de vassalos do Rei e obedeceriam às ordens do governador de Pernambuco.

7. Que o rei negro Ganga-Zumba seria nomeado mestre de campo de toda a sua gente e responsável pela ordem entre os negros.

Pelo quarto ponto deste tratado de paz, poderiam continuar nos quilombos apenas aqueles lá nascidos (que não eram poucos, uma vez que alguns quilombos já tinham quase cem anos de existência, a esta altura) e os escravos alforriados ou outros homens livres que houvessem se unido às comunidades. Os quilombos seriam reconhecidos como cidades da colônia e poderiam viver em paz, mas o preço seria alto: retornar à escravidão todos aqueles que encontraram nestas comunidades um refúgio contra seus senhores.

Obviamente, boa parte dos quilombolas rejeitou o acordo, entre eles Zumbi, sobrinho de Ganga-Zumba, apesar de ele mesmo ter nascido em Palmares. Houve diversas disputas entre os defensores de que se assinasse este acordo e seus opositores, e nesses conflitos Ganga-Zumba acabou sendo envenenado por um dos partidários de Zumbi.

Assumindo o governo de Palmares, Zumbi rejeitou o acordo. Os ataques a Palmares continuaram, bem como suas contraofensivas, nas quais, além de combater as tropas com táticas de guerrilha, o exército de Palmares atacava fazendas na região e libertava os escravos, como represália aos ataques sofridos.

Em 1691, o governo da Capitania de Pernambuco contratou o bandeirante Domingos Jorge Velho, já experimentado em guerras contra quilombos, para a tarefa de destruir as cidades de Palmares. O bandeirante, com um exército de mais de mil homens, cercou o Quilombo do Macaco, capital palmarina, protegendo-se atrás de uma paliçada. Entre ataques e contra-ataques, a capital resistiu ao cerco por três anos, mesmo sem armas de fogo, cuja pólvora se esgotou nos primeiros combates.

Em fevereiro de 1694, contando com reforços de artilharia chegados de Recife, o exército atacante abriu brechas nas cercas defensivas do quilombo a tiros de canhão. A luta que se seguiu foi cruel, pois, sem armas de fogo e sem a proteção que a mata lhes dava quando promoviam seus ataques de guerrilha, os habitantes do quilombo foram massacrados.

Em poucas horas, o Quilombo do Macaco estava totalmente destruído. Os invasores procuraram pelo corpo de Zumbi, mas não o encontraram — apesar de haver levado dois tiros, ele havia conseguido romper o cerco e escapar com alguns de seus soldados. A esposa de Zumbi, Dandara, mãe de três filhos e em torno da qual há lendas de que combatia lado a lado com o marido e comandava falanges femininas do exército de Palmares, recusava-se a se tornar novamente escrava e, junto com outros membros do quilombo, atirou-se do penhasco que era uma das fronteiras da cidade.

Os ataques às demais cidades de Palmares se sucederam, e Zumbi continuou com sua tática de guerrilha, com pequenos grupos atacando tropas isoladas e refugiando-se na mata rapidamente. Em 20 de novembro de 1695, quase dois anos após a queda da capital, Zumbi e vinte guerreiros foram emboscados por uma tropa comandada pelo bandeirante André Furtado de Mendonça: eles haviam sido traídos por um dos palmarinos que eles defendiam.

A cabeça de Zumbi, de maneira semelhante ao que foi feito com Tiradentes cerca de 100 anos depois, foi arrancada e exposta em praça pública, em Recife, como forma de provar que o líder não era imortal, como diziam as lendas que corriam entre escravos e negros libertos, e para mostrar a possíveis revoltosos a força com que o império reprimia aqueles que o desafiavam.

Sem outra liderança, os demais quilombos de Palmares foram caindo, um a um. Em 1710, o último dos quilombos de Palmares foi destruído, mas os atacantes não conseguiram apagar os registros da maior resistência ao sistema escravagista, não só resistência militar, mas também cultural, econômica e social.

A data da morte de Zumbi, 20 de novembro, foi escolhida como o Dia Nacional da Consciência Negra, que reúne comemorações sobre a herança negra e atividades de luta contra o racismo.

Palmares não foi o único

Palmares sempre é recordado quando se fala em grandes quilombos, mas ele não foi o único quilombo a atingir este grau de organização.

O quilombo de Ambrósio, também conhecido como Quilombo Grande, foi criado por escravos fugidos de fazendas da região de São Gotardo e Ibiá, em Minas Gerais. Ele cresceu em uma região remota durante muitos anos, sem interferência dos senhores de escravos, e chegou a ter 10 mil habitantes — sendo que alguns historiadores estimam que possa ter havido até 20 mil moradores em suas comunidades. Em 1746, da mesma maneira que os quilombos palmarinos, ele foi destruído por uma expedição punitiva, que promoveu um grande massacre e devolveu à escravidão quantos pôde capturar dos sobreviventes. Após sua destruição, aqueles que fugiram retornaram aos mesmos lugares e fundaram um novo quilombo, que foi então batizado de Campo Grande e se tornou quase tão grande quanto o primeiro.

De maneira semelhante aos maiores quilombos de Palmares, os habitantes deste quilombo eram divididos em grupos de trabalho, conforme sua especialidade, e todos ajudavam no trabalho comunitário. Assim, havia os que cuidavam de patrulhas na região em torno do quilombo, outros dedicados às variadas plantações, os que cuidavam dos engenhos onde eram produzidos açúcar e aguardente, os que fabricavam cestas e potes de barro, os dedicados à moagem da farinha e outros subprodutos da agricultura, e aqueles que se dedicavam à pecuária, cuidando dos rebanhos de gado da comunidade. Toda a produção era recolhida a depósitos, e todos tinham igual acesso à alimentação e aos produtos da comunidade.

O trabalho de coordenar as atividades dos diferentes grupos era realizado pelo líder do quilombo, com a ajuda de um grupo de subordinados diretos, que sob suas ordens buscavam informações de cada grupo e ajudavam na tomada de decisão.

Esta mesma organização se repetia em quase todos os quilombos: a produção de alimentos e outros bens era comunitária, e da mesma forma os resultados desta produção eram distribuídos para todos.

No gráfico a seguir, apresentamos uma lista dos principais quilombos conhecidos na época do Brasil colônia, com destaque para aqueles com maior número de habitantes.

Maiores quilombos no Brasil Colônia

REVOLTAS PROMOVIDAS OU APOIADAS POR QUILOMBOS

Além dos núcleos de resistência nos quilombos, os negros trazidos da África e seus descendentes tiveram posição de destaque em diversas guerras e revoltas ocorridas durante o período da escravidão, e até depois deste.

Em algumas destas lutas, como a Guerra dos Farrapos, a Guerra do Paraguai, as lutas para derrotar a república do Cunani e outras, escravos e negros libertos lutavam lado a lado com europeus e seus descendentes, em favor do Estado brasileiro.

Em outros casos, vemos os negros lutando contra o regime que os oprimia.

O Cunani foi uma pequena república criada na região do atual estado do Amapá. Por duas vezes, uma em 1885 e a seguinte em 1902, franceses vindos da Guiana Francesa, vizinha ao estado, tentaram estabelecer uma república na região, mas foram rechaçados por forças do governo que incluíam contingentes de negros libertos e escravos.

Foi o caso, por exemplo, da Balaiada, revolta que começou em 1838 como uma disputa política no Maranhão, entre aqueles que apoiavam o imperador e os oposicionistas republicanos, e evoluiu para uma revolta popular. Revoltados com a dominação econômica e política dos fazendeiros da região e oprimidos pela crise do algodão, escravos e libertos uniram-se a Manuel Francisco dos Anjos Ferreira, o "Manuel Balaio", para reforçar as colunas dos republicanos liderados por Raimundo Gomes, à procura de representatividade na política da região, como forma de garantir melhores condições. A luta continuou até 1841, quando o imperador prometeu anistia aos revoltosos sobreviventes, como forma de conseguir o fim das lutas.

Outro exemplo de revolta popular que teve uma grande participação dos negros foi a Cabanagem, ocorrida entre 1835 e 1840, na província do Grão-Pará, atual estado do Pará. A Cabanagem foi um dos conflitos mais sangrentos da história do Brasil: dos 120 mil habitantes da província, quase 40% morreram durante os cinco anos de guerra, principalmente negros, índios e mestiços. Esta foi uma revolta tipicamente popular, na qual os cabanos (assim chamados pois moravam em cabanas simples, normalmente às beiras dos rios) mataram o governador e conseguiram colocar um de seus representantes em seu lugar, mesmo que por curto tempo. Além de participarem das lutas, muitos escravos — que, à época, chegavam a 30 mil na província — aproveitaram os conflitos para fugir e se estabelecer em quilombos.

Já a Conjuração Baiana, também conhecida como Conjuração dos Alfaiates, merece destaque, pois os revoltosos não lutavam apenas por melhores condições econômicas ou por espaço nas decisões políticas da província — eles buscavam criar um estado independente do Império. O novo governo a ser criado tinha seis diretrizes principais: a abolição da escravidão, a proclamação da República, a diminuição dos impostos, o aumento dos salários, a abertura dos portos e o fim do preconceito. É curioso observar que os revoltosos, que incluíam soldados, alfaiates, negros alforriados e escravos, já tinham em mente que não bastava abolir a escravidão, eram necessárias medidas para acabar com o preconceito — isso em 1798, quase cem anos antes da abolição da escravidão no Brasil!

Estas três, provavelmente, são as revoltas mais conhecidas entre aquelas que envolveram escravos e quilombolas, no entanto houve muitas outras, o que demonstra a insatisfação não apenas dos negros escravos, mas de toda a população brasileira contra a situação de dominação econômica da elite, primeiro portuguesa, e depois brasileira. Assim é que se sucederam revoltas nas cidades de Sabará e Vila Rica (Minas), Itu e Campos (São Paulo), Aracaju (Sergipe), Campina Grande (Paraíba), Recife (Pernambuco), São José (Santa Catarina), as revoltas conhecidas como da Mata Escura e do Saboeiro, na Bahia, e diversas outras pequenas revoltas pelo país...

A Bahia provavelmente foi o estado que mais viu destas revoltas, talvez porque foi o estado que mais recebeu escravos — tanto que, ainda hoje, é o estado que mais tem comunidades quilombolas reconhecidas.

Destas tantas rebeliões na Bahia, merecem destaque as dos hauçás e nagôs, não só por terem sido revoltas das quais praticamente só participaram escravos e negros libertos, mas também por nos mostrarem um pouco da grande diversidade dos povos que foram feitos escravos no Brasil.

Já em 1607, dois séculos antes de estourar a maioria dessas revoltas, em uma carta ao rei de Portugal o governador da capitania da Bahia, o Conde da Ponta (ou da Ponte, segundo outras referências), já informava sobre uma primeira rebelião dos hauçás e mostrava suas preocupações quanto a este povo, que ele julgava estar entre as nações mais guerreiras da costa leste africana.

Tanto os hauçás quanto os nagôs tinham em comum o fato de virem de sociedades mais estruturadas na África, com alto índice de alfabetização (sabiam ler e escrever em árabe) e boa parte era de fé muçulmana. No Brasil, por vezes eram utilizados para trabalhos mais sofisticados, como alfaiates, contadores ou escrivães, mas muitas vezes eram relegados a trabalhos braçais. Além disso, eram fisicamente diferentes dos negros de outras regiões: além de terem uma estatura média mais alta que os demais, tinham o hábito de deixar crescer a barba e o cavanhaque. Vindos da região oeste do litoral africano, estes povos eram chamados de Malês, daí a maior de suas revoltas, ocorrida em 1835, ter sido chamada de Guerra dos Malês.

> Não há um consenso sobre porque os hauçás e nagôs, negros de religião islâmica, eram chamados de "malês". Há quem defenda que eles eram assim chamados por virem da região onde ficava o império de Mali, um grande Estado africano extinto por volta de 1600. Outros sugerem que a palavra vem do termo da língua iorubá "imale", que significa "muçulmano".

A Guerra dos Malês foi o ponto culminante de rebeliões que aconteceram em 1807, 1809, 1813, 1816, 1826 e 1827, todas reconhecidas não como lutas contra a escravidão — embora obviamente a liberdade dos escravos estivesse entre os pedidos dos revoltosos

—, mas sim como insurreições sociais, de cunho religioso. Hauçás e nagôs participaram de todas estas revoltas, sendo que os hauçás lideraram boa parte delas, como a de 1813, que teve grandes repercussões, enquanto os nagôs lideraram outras, como a de 1835.

Estas revoltas eram minuciosamente planejadas, com ações coordenadas previamente combinadas entre membros de quilombos da região, escravos e negros libertos. Planejando cautelosamente, os revoltosos se reuniam em "clubes", locais reservados onde podiam, além de planejar a luta contra o jugo da escravidão, exercitar sua fé em segredo e ensinar a ler e escrever os que não sabiam. De maneira diferente de outros povos escravizados, nagôs e hauçás viam em sua religião uma forma de manter a unidade de seu povo e faziam questão de passar os preceitos islâmicos aos seus filhos, nascidos na escravidão, e mesmo a negros de outros povos com quem tinham contato.

A grande insurreição de 1835 não fugiu a esta regra: as ações foram planejadas com bastante antecedência e cautela. Nesta época, os candomblés eram centros de reunião dos nagôs e tinham uma forte influência islâmica. Os líderes da rebelião, de quem só ficaram registrados os primeiros nomes, eram Diogo, James, Ramil, Carlos, Cornélio, Tomás (o líder do "clube" da cidade de Salvador e quem ensinava os demais a ler) e Pacífico Licutã. Outro fato que demonstra a organização dos homens e mulheres que lideraram o movimento é terem criado um fundo para o qual todos contribuíam e que tinha por objetivo custear as despesas da revolução.

Os revoltosos definiram uma agenda de ações envolvendo negros escravos e libertos, que se iniciava com ataques a fazendas para libertar escravos de maneira a poderem engrossar as fileiras do movimento. O planejamento da estratégia a ser seguida envolvia ações coordenadas com habitantes de quilombos, com quem mantinham ativa conversa e negociações.

Infelizmente, como em outros casos, houve delatores — neste caso, a namorada de um dos líderes da revolta, ao saber do movimento, informou às autoridades. Quando perceberam que o governo reforçou a guarda e começou a realizar batidas em casas, os líderes viram que não tinham escolha a não ser adiantar o que haviam planejado. No entanto, como os batalhões do governo (que incluíam grupos de cavalaria e de artilharia pesada) não foram pegos de surpresa, a batalha foi desigual.

Estima-se que 1.500 escravos e negros libertos tenham participado deste levante, sendo muitos deles mortos e 281 presos. As condenações foram variadas, desde degredo até a morte por fuzilamento, passando por 600 açoites em praça pública.

Depois deste movimento ainda houve alguns pequenos incidentes com nagôs e hauçás, mas eventualmente sua força foi se diluindo pela predominância da religião católica entre os negros, imposta pelos portugueses.

CONSCIÊNCIA DO ESCRAVISMO

Os escravos não eram "testemunhos mudos de uma história para a qual não existem senão como uma espécie de instrumento passivo", como certa vez mencionado pelo sociólogo e ex-presidente do Brasil Fernando Henrique Cardoso.

Além de tudo o que vimos sobre quão ativos eram os negros trazidos como escravos, sua influência é vista até hoje em diversas palavras incorporadas ao idioma original dos portugueses, no nome de muitos acidentes geográficos como rios e montes, no nome de cidades e vilas, em diversas técnicas de agricultura, incluindo formas sustentáveis de trabalho como o plantio de culturas rotativas ou em terrenos variados a cada ano, em instrumentos de trabalho variados, além da óbvia influência cultural na religião, na música, na dança e nas artes em geral.

Para derrubar de vez qualquer preconceito que haja sobre os escravos serem passivos, ou mesmo pouco cultos, antes de ir em frente vale destacar uma última rebelião, esta ocorrida no ano de 1789 na Fazenda Santana, um engenho que ficava próximo a Ilhéus, na Bahia.

Os escravos dessa fazenda, oprimidos pelo aumento de trabalho imposto pelo crescimento das vendas dos produtos do engenho e pelos castigos de um feitor especialmente cruel, rebelaram-se, mataram o feitor e fugiram para as matas próximas, estabelecendo um quilombo onde ficaram por dois anos.

Durante todo esse tempo, estabeleceram negociações com seu antigo senhor para retornarem à sua fazenda, sob melhores condições de trabalho. Essas negociações culminaram em um documento único, um tratado de paz escrito por ex-escravos para seu antigo senhor.

Em um português adaptado para o atual, o tratado se iniciava da seguinte forma:

"Meu senhor, nós queremos paz e não queremos guerra. Se meu Senhor também quiser a nossa paz, há de ser nesta conformidade...".

Nos parágrafos que se seguem, os antigos escravos indicam que retornariam ao trabalho na fazenda, desde que tivessem jornadas bem definidas e diferenciadas para homens e mulheres, indicando-se o quanto precisava ser colhido de mandioca e cana a cada jornada, por exemplo. Além disso, definiam o número de pessoas para cada tarefa — por exemplo, quantos homens deveriam ser mobilizados para serrarem madeira ou remarem os barcos da fazenda, de forma a garantir que o serviço seria bem distribuído.

> É interessante reparar que se trata de um documento histórico, um dos primeiros registros de uma reivindicação trabalhista — pois este documento é exatamente isso, uma tentativa de modificação do regime socioeconômico escravista, sugerindo melhorias nas relações do senhor e do escravo.

Além da questão da quantidade de trabalho a ser realizado individualmente, eles pediam liberdade para plantar onde quisessem e cortar a madeira de que necessitassem, "sem precisar pedir permissão".

Talvez um dos pontos mais interessantes deste tratado seja que os escravos querem fazer parte da seleção de seus feitores: "os atuais feitores não os queremos, faça eleição de outros com a nossa aprovação". Com isso, poderiam demitir feitores que aplicassem castigos corporais ou que abusassem de qualquer forma de seu poder.

O tratado terminava dizendo que, caso seu antigo senhor concordasse com todos os artigos ali expressos, eles estavam "prontos a servir-vos como dantes, porque não queremos seguir os maus costumes dos outros engenhos".

Curiosamente, o documento não sugere que tenham liberdade, exceto a liberdade de plantar, derrubar árvores e pescar para o próprio sustento e a liberdade de "brincar, folgar e cantar em todos os tempos que quisermos sem que nos impeça e nem seja preciso pedir licença".

O pagamento pelo seu trabalho na lavoura seria o senhor de engenho dar-lhes alguns dias para trabalharem para si e prover as ferramentas para fazê-lo. Para isso, eles pediam "redes, tarrafas e canoas" para seu uso e que o senhor de engenho deixasse que ficassem "sempre de posse das ferramentas" de seu trabalho. Por fim, pediam que "em cada semana nos há de dar os dias de sexta-feira e sábado para trabalharmos para nós mesmos".

O senhor do engenho, Manoel da Silva Ferreira, fingiu aceitar o tratado e agendou uma reunião com os líderes do movimento, que traiçoeiramente foram capturados ou mortos.

A libertação dos escravos só viria a ocorrer quase um século depois — e, mesmo assim, foi realizada de tal forma que o negro meramente passou da condição de escravo para a de excluído.

O FIM DA ESCRAVIDÃO NO BRASIL

A abolição dos escravos no Brasil é muitas vezes comemorada como um "ato magnânimo" da Princesa Isabel, que em sua bondade resolveu assinar uma lei para acabar com a escravidão.

Na verdade, a chamada "Lei Áurea" foi consequência de muitos e muitos anos de lutas contra o regime escravocrata e só foi assinada quando não havia mais formas de protelar o fim deste regime — tanto que o Brasil foi um dos últimos países no mundo a abolir a escravidão!

Os movimentos abolicionistas tomaram força na Europa e na América na primeira metade do século XIX, embora as primeiras leis contra a escravidão tenham aparecido nas últimas décadas do século XVIII, como o caso Somersett na Inglaterra, que culminou com a abolição dos escravos no país em 1772 (embora fosse mantida a escravidão nas colônias), e a Revolução Francesa que aboliu a escravidão em 1794, a qual infelizmente foi restabelecida por Napoleão oito anos depois.

Com a independência do Brasil em 1822, diversos grupos iluministas começaram a tomar força no país, e com eles a luta pela abolição começou.

A Inglaterra ajudou nesta luta quando colocou como uma das condições necessárias para reconhecer a independência do Brasil o fim do tráfico de escravos, que já era proibido naquele país desde 1807.

Em resposta, já no fim do prazo dado pela Inglaterra, o Brasil promulgou uma lei, em 7 de novembro de 1831, proibindo a entrada de escravos no país e instituin-

> O Iluminismo foi um movimento ocorrido em fins do século XVIII, na Europa, promovido por intelectuais que pregavam a necessidade de se reformar a sociedade através do poder da razão, combatendo abusos do Estado e da Igreja.
>
> Um de seus mais eloquentes registros é a "Declaração dos Direitos do Homem e do Cidadão", promulgada em 1789 na França, que resume 17 direitos universais do ideário da Revolução Francesa.

do duras penas para os comandantes de navios negreiros em seu artigo segundo, que previa que "os importadores de escravos no Brasil incorrerão na pena corporal do art. 179 do Código Criminal imposta aos que reduzem à escravidão pessoas livres, e na multa de 200$000 por cabeça de cada um dos escravos importados, além de pagarem as despesas da reexportação para qualquer parte da África; reexportação, que o Governo fará efetiva com a maior possível brevidade, contratando as autoridades africanas para lhes darem um asilo. Os infratores responderão cada um por si, e por todos".

Quadro "Abolição da escravatura", Victor Meirelles (1832 - 1903).

O quadro mostra a Princesa Isabel, em 1888, ao assinar a lei que declarou extinta a escravidão no Brasil.

Esta lei, apesar de ser adequada em sua essência, não chegou a ser cumprida por falta de fiscalização do governo, originando a expressão popular "para inglês ver", até hoje usada para identificar alguma coisa que é feita apenas exteriormente, para cumprir alguma exigência, mas que não provoca nenhuma modificação essencial. Pior que isso: talvez antevendo que o fim do comércio de escravos estava próximo, houve um grande aumento na entrada de escravos; mesmo que naquele momento este comércio fosse considerado um contrabando, foi trazido quase um milhão de negros entre 1830 e 1855.

Percebendo que o comércio de escravos continuava ativo, os grupos humanistas na Inglaterra conseguiram em 1845 a aprovação do *Bill Aberdeen*, uma lei que visava "tornar efetiva a Convenção entre Sua Majestade e o Imperador do Brasil para regulação e término do tráfico de escravos". Esta lei autorizava os navios ingleses a abordar e até mesmo afundar navios do Brasil que estivessem transportando escravos, levando suas tripulações a julgamento por tribunais ingleses.

A lei foi vista pelo governo brasileiro como uma afronta à sua soberania, gerando uma série de protestos, mas teve o efeito positivo de forçar o império a tornar efetiva a lei que proibia o tráfico de escravos — o que aconteceu em 4 de setembro de 1850, com a Lei Eusébio de Queirós.

Esta lei acalmou por algum tempo os abolicionistas, mas notícias sobre a abolição de escravos em outros países não paravam de chegar: Haiti em 1804 (logo que conseguiu sua independência), Chile em 1823, México em 1824, Bolívia em 1831, Colômbia em 1851, Peru em 1853, Venezuela em 1854... Logo o governo brasileiro precisou se posicionar, cedendo às pressões internas e externas de grupos abolicionistas.

No entanto, ao invés de terminar efetivamente com a escravidão, mais uma lei paliativa foi promulgada: a "Lei do Ventre Livre", de 28 de setembro de 1871.

Seguindo os moldes da lei de "Libertad de vientres", promulgada em 1813 pela Assembleia do Ano XIII na Argentina, esta lei previa em seu primeiro artigo que "Os filhos da mulher escrava que nascerem no Império desde a data desta lei, serão considerados de condição livre".

No entanto, no segundo artigo a lei deixava claro que os nascidos de escravos ficariam "em poder e sob a autoridade dos senhores de suas mães" até os oito anos de idade, e que após isso os senhores poderiam optar por receber uma indenização do governo ou manter estas pessoas como escravos até os 21 anos de idade. A lei ainda estabelece que o governo criaria associações para cuidar dos filhos de escravos que os senhores não quisessem criar, prevendo que tais associações teriam "direito aos serviços gratuitos dos menores até a idade de 21 anos completos" e que, entre outras coisas, deveriam "procurar-lhes, findo o tempo de serviço, apropriada colocação".

Na prática, os senhores só encaminhavam às instituições as crianças doentes ou com algum tipo de deficiência, e estas instituições raramente cumpriam suas obrigações de ajudar na colocação destas pessoas no mercado de trabalho, quando chegavam à maioridade. Além disso, como os senhores não tinham mais a obrigação de sustentar os filhos dos escravos, muitos deles cobravam pela alimentação e moradia desses filhos, que chegavam à maioridade devendo tanto que eram obrigados a continuar trabalhando para pagar as dívidas — o que, no fundo, era a mesma situação de escravidão de seus pais, embora disfarçada.

Os debates em torno da abolição continuavam e tornavam-se cada vez mais acirrados. Carlos de Lacerda funda o jornal Vinte e Cinco de Março para divulgar as ideias do grupo abolicionista de que participava. Movido por constantes denúncias de maus-tratos a escravos, o grupo começou a realizar ações mais violentas, atuando em conjunto com quilombos da região de Campos para incendiar canaviais e libertar escravos.

Obviamente, os fazendeiros da região revidaram, tentando subornar ou matar os líderes abolicionistas, oferecendo inclusive recompensas a quem os calasse.

Essas ações se repetiram em diversas partes do Brasil, e neste momento também apareceram diversos quilombos patrocinados por abolicionistas, onde se abrigavam escravos fugidos ou que conseguiam ser libertados pelos grupos. Em Jabaquara, no estado de São Paulo, por exemplo, havia até mesmo tropas armadas que eram financiadas pelos abolicionistas. Vários quilombos, como o chefiado por Pai Felipe na Vila Matias, realizavam reuniões com abolicionistas e planejavam ações conjuntas, mostrando mais uma vez que a participação dos negros foi bastante ativa e um dos elementos que forçou o governo a finalmente declarar a libertação dos escravos, fator que muitas vezes é esquecido pelos livros de história.

Ante as notícias de revoltas que chegavam de toda parte, os partidos Liberal e Conservador debatiam no Parlamento novas medidas para o fim do trabalho escravo, mas mais uma vez foi publicada uma lei com objetivo de adiar a libertação efetiva dos escravos: em 28 de setembro de 1885 foi promulgada pelo imperador uma lei para "regular a extinção gradual do elemento servil". Esta lei previa o cadastramento de todos os escravos do país, que receberiam uma matrícula e um valor conforme sua idade e sexo, e a criação de um fundo de emancipação que iria, aos poucos, pagar aos senhores pela libertação de seus escravos, iniciando pelos mais velhos.

Esse censo da população escrava terminou em 1887, indicando que havia no Brasil 720.000 escravos — menos da metade do censo realizado na década anterior. A escravidão estava se extinguindo no Brasil à revelia do governo, devido às fugas de escravos para os quilombos, à compra da liberdade pelos escravos e à ação de antigos senhores que movidos pelos ideais abolicionistas espontaneamente libertavam seus escravos.

Acuado e sem mais alternativas para adiar o processo de libertação dos escravos, o governo imperial foi forçado a se posicionar definitivamente sobre o assunto. Após intensos debates na Câmara e no Senado, a Princesa Isabel, que à época substituía Dom Pedro II que estava em viagem ao exterior, finalmente dá fim à escravidão assinando a assim chamada "Lei Áurea", "lei de ouro", em 13 de maio de 1888 — o Brasil foi o último país independente das Américas a extinguir o trabalho escravo.

Esta lei tinha apenas dois artigos:

Art. 1.º: É declarada extinta desde a data desta lei a escravidão no Brasil.

Art. 2.º: Revogam-se as disposições em contrário.

Lei Áurea, 13 de maio de 1888.

Alguns historiadores registram que houve "festa, cantos e danças" ao anúncio da boa-nova em todas as províncias; no entanto a lei, apesar de benéfica, deixou de mencionar ações que deveriam ser realizadas pelos senhores de escravos e pelo governo para integração dos negros na sociedade, de maneira produtiva.

Após o momento festivo, muitos saíram das fazendas para "tentar a sorte" nas cidades, onde, sem formação adequada, acabaram sendo relegados à miséria. Muitos permaneceram nas fazendas nas quais eram escravos, onde eram contratados como assalariados por seus antigos senhores, que no entanto cobravam desde a alimentação e moradia até o aluguel das ferramentas de trabalho, fazendo com que muitos deles entrassem em um ciclo de endividamento que os relegava a nova escravidão.

Sem leis que garantissem seu acesso às condições mais básicas para que se integrassem dignamente à sociedade, muitos ex-escravos fundaram suas próprias comunidades. Como o Estado os havia abandonado à própria sorte, a mudança para quilombos já existentes ou a formação de novos quilombos foi a única alternativa para manterem sua liberdade e sua dignidade.

A luta pela liberdade havia terminado, mas a luta dos moradores dos quilombos pelos seus direitos de cidadãos estava apenas começando.

> Ana Emília Moreira Santos, moradora da comunidade quilombola de Matões dos Moreira, no Maranhão, quando questionada sobre o que diz a tradição oral da comunidade sobre a libertação dos escravos, fala que, apesar de a sociedade dizer que a Princesa Isabel libertou os escravos, na verdade só 5% dos negros ainda eram escravos quando ela foi "obrigada" a assinar a lei.

A LUTA PELO DIREITO ÀS TERRAS

Desde antes da abolição, muitos ex-escravos adquiriram terras das mais variadas maneiras: comprando com seus próprios ganhos, recebendo como doação ou herança de seus antigos senhores, como pagamento a serviços prestados ao Estado ou à Igreja, e outras formas mais.

No entanto, em 1850 foi publicada a Lei nº 601, chamada de Lei das Terras, que estabeleceu regras bem definidas sobre como a posse de terras deveria ser oficializada no Brasil. Esta lei, como outras da época, incluía uma clara distinção entre "brasileiros", que tinham direito a ter terras em seu nome, e "libertos", nome dado a ex-escravos, que colocados nesta categoria à parte praticamente não tinham direito a possuir terras, tantas eram as regras e exceções para tal.

Outros problemas foram agravando esta situação: com o fim da escravidão em 1888 e o início da República em 1889, ao invés de buscar maneiras de capacitar o grande contingente de ex-escravos para o mercado de trabalho, o governo criou uma política para incentivar a vinda de imigrantes de outros países com o objetivo de criar uma classe trabalhadora assalariada, que substituiria os trabalhadores do regime escravo. Nesta política era vetada expressamente a entrada de imigrantes da África e da Ásia, por não serem considerados "adequados" para a nova classe trabalhadora que se procurava instituir.

Para piorar ainda mais esta situação, ao fim do século XIX e início do XX proliferaram diversas doutrinas

> Em nenhum momento houve políticas de apoio à transformação do ex-escravo em trabalhador assalariado, e o descaso com a população negra era tão grande que nem mesmo se cogitou algum tipo de apoio financeiro para que os escravos iniciassem sua nova vida, enquanto reembolsos aos antigos senhores de escravos, por suas "perdas", eram não só discutidos como muitas vezes realizados.
>
> Nesta conjuntura, os negros simplesmente passaram da condição de escravos para a de marginais da sociedade, sem direito nem mesmo à terra da qual tiravam seu sustento. Mesmo aqueles que haviam sido libertos antes da abolição eram discriminados e, exceto em raros casos, relegados a atividades braçais ou com remuneração abaixo de outras pessoas que realizavam as mesmas atividades.

ditas "científicas" que defendiam a inferioridade da raça negra — fato largamente negado, mesmo à época, por personalidades negras que se destacavam em todos os ramos da ciência, política e religião. No entanto, estas teorias eram aceitas por muitas pessoas, o que garantia o apoio popular ao descaso do governo com a população negra. A Igreja, que poderia ter ajudado nesta situação, na época rotulava as religiões dos negros como paganismo ou bruxaria, e se os esforços de conversão eram infrutíferos, difamavam os seguidores da outra religião nas comunidades em que viviam e próximas dali.

Tudo isso gerou uma série de preconceitos raciais, que vergonhosamente persistem até os dias atuais.

Outro ponto importante estabelecido pela Lei das Terras de 1850, e que continuava válido até 2003, é que as terras deviam ser de posse de apenas uma pessoa ou uma organização. Ora, como vimos, este conceito de posse da terra não existia nos quilombos antigos, e ainda não existe em diversos quilombos atuais, já que a terra é vista como um bem comunitário. Isto foi mais um entrave para a regularização das terras dos quilombos, que só recentemente conseguiram uma maneira de garantir a posse de suas terras legalmente.

Sem poderem oficialmente possuir a terra de que tiravam seu sustento, muitos negros foram expulsos de suas terras, mesmo que as tivessem comprado formalmente, com registros ou testamentos lavrados em cartório que o provassem. Isto pode parecer um absurdo, mas infelizmente não é algo do passado: até hoje há lutas por terras entre os quilombolas que as habitam e pessoas ou organizações interessados em tomá-las — em sua maior parte fazendeiros e políticos com interesses particulares, que reclamam que as terras utilizadas pelos quilombos não podem ser utilizadas de outra forma, o que "impede o progresso".

É o caso, por exemplo, ocorrido na comunidade do Quilombo de Carmo da Mata, em Minas Gerais, no início do século XX: fazendeiros que vinham da região de São João Del-Rei simplesmente invadiram a região e se apossaram das terras para cultivarem café e criarem gado. Os negros e os índios Puris (que originalmente habitavam ali) foram expulsos, mortos e até, em alguns casos, reescravizados.

Um exemplo mais recente, de 1976, ocorreu no Quilombo de São Pedro, no Vale do Rio Ribeira, em São Paulo. Segundo os moradores, um fazendeiro de nome Francisco Tibúrcio de Nascimento adquiriu algumas terras na região e começou a invadir as terras próximas, realizando diversos ataques aos antigos moradores da área. Após derrubar cercas, conduzir seu gado para que destruísse plantações e atear fogo em plantações e mesmo em casas da comunidade, em 1982 ele contratou dois homens que assassinaram Carlos da Silva, um dos moradores do quilombo que se opunham à sua ocupação.

Este tipo de problema se repete até os dias de hoje: em maio de 2012 ocorreram diversos conflitos da Marinha com os moradores do Quilombo do Rio dos Macacos, que disputam terras em uma região no Recôncavo Baiano, próximas a Salvador.

A desagregação dos quilombos nem sempre é violenta. É o caso, por exemplo, do quilombo Fazenda Mesquita dos Crioulos, ou Quilombo dos Marmeleiros, que fica próximo a Brasília. Este quilombo é um dos raros casos em que as terras estavam oficialmente nas mãos de alguns membros da comunidade, através de registros de cartório que comprovam a doação das terras da antiga fazenda do português João Mesquita a três de suas escravas, em 1854.

> Benedito Antônio Pereira, um dos líderes do Quilombo dos Marmeleiros, em seu depoimento ao site da Comissão Pró-Índio de São Paulo, diz que acredita que a venda de terras da comunidade é uma ilusão, pois quem vende suas terras perde suas posses e não ganha o suficiente para comprar nada em outro local.

O quilombo, que chegou a ter cerca de seis mil habitantes e era conhecido pela produção de doce de marmelo que era vendida a diversas comunidades da região, hoje conta com poucas centenas de habitantes e com uma produção de marmelada pouco significativa. Essa redução se deu de forma gradual, pela venda de terras pelos habitantes para pessoas de fora da comunidade a partir dos anos 1970. Segundo José Braga, um morador do quilombo, os compradores eram moradores de Brasília que queriam ter um sítio para passarem seu fim de semana; e de sítio em sítio mais de três mil moradores abandonaram o quilombo.

A Constituição Federal de 1988 e o reconhecimento dos Quilombolas

Desde o estabelecimento da República em 1889, o termo "quilombo" deixou de constar das leis brasileiras, não havendo nenhuma referência na Constituição nem em leis federais até o ano de 1988, quando a primeira revisão da Constituição após o regime militar retoma o assunto.

Assembleia Nacional Constituinte, Congresso Nacional, Brasília/DF, 1987-1988.

A parte final da Constituição é chamada de "Ato das Disposições Constitucionais Transitórias" (ADCT) por se tratar de ordenações que tendem a sair da Constituição assim que as questões a que se referem sejam resolvidas. O artigo 68 desta parte estabelece, sem entrar em detalhes, que o governo deverá emitir títulos para entregar oficialmente a propriedade das terras ocupadas às comunidades quilombolas que ali habitam.

Embora tenha sido um grande avanço, este artigo por si só é insuficiente para regularizar de vez a questão das terras de quilombolas.

> **"Aos remanescentes das comunidades dos quilombos que estejam ocupando suas terras é reconhecida a propriedade definitiva, devendo o Estado emitir-lhes os títulos respectivos."**
>
> Artigo 68 do Ato das Disposições Constitucionais Transitórias

O primeiro ponto em que o artigo falha é em não estabelecer um prazo para o reconhecimento da propriedade definitiva. Este erro fica claro quando comparamos este artigo com o artigo 67, que trata da questão de terras relativas às comunidades indígenas e que estabelece um prazo de cinco anos para a regularização destas terras: "A União concluirá a demarcação das terras indígenas no prazo de cinco anos a partir da promulgação da Constituição".

Além de não estabelecer prazos, o artigo 68 não dá qualquer indicação sobre como seria o processo de regularização das terras, e nem mesmo sobre o processo para identificar quem seriam estes "remanescentes das comunidades dos quilombos".

É comum que os artigos da Constituição apenas estabeleçam diretrizes gerais, ficando tais detalhes por conta de futuras leis. No entanto, como não foi fixado um prazo para tal definição, somente em 2001 foi criada uma lei federal que buscava regular a questão das terras das comunidades quilombolas.

Esta demora em estabelecer regulações levou diversos estados a criarem leis e mesmo a incluírem em suas próprias constituições detalhes sobre como o processo de regulamentação das terras de quilombos deveria ser realizado.

No estado do Pará, por exemplo, o Decreto Estadual nº 3.572, de 1999, definiu como deveria ser legalizada a posse das terras dos quilombolas. Legislações específicas sobre a questão existem em São Paulo, Rio de Janeiro, Piauí, Mato Grosso do Sul, Pernambuco, Espírito Santo, Rio Grande do Sul e outros três estados.

Além das leis criadas por estes governos estaduais, a questão das terras quilombolas também é considerada nas constituições do Maranhão, Bahia, Goiás, Pará e Mato Grosso, conforme visto a seguir:

"O Estado reconhecerá e legalizará, na forma da lei, as terras ocupadas por remanescentes das comunidades dos quilombos" (Constituição do Estado do Maranhão, Art. 229).

"O estado executará, no prazo de um ano após a promulgação desta Constituição, a identificação, discriminação e titulação das suas terras ocupadas pelos remanescentes das comunidades dos quilombos" (Constituição do Estado da Bahia, Art. 51 ADCT).

"Aos remanescentes das comunidades dos quilombos que estejam ocupando suas terras, é reconhecida a propriedade definitiva, devendo o Estado emitir-lhes títulos respectivos no prazo de um ano, após promulgada esta Constituição" (Constituição do Estado do Pará, Art. 322).

"O Estado emitirá, no prazo de um ano, independentemente de estar amparado em legislação complementar, os títulos de terra aos remanescentes de quilombos que ocupem as terras há mais de 50 anos" (Constituição Estadual do Mato Grosso, Art. 33 ADCT).

"Aos remanescentes das comunidades dos quilombos que estejam ocupando suas terras, é reconhecida a propriedade definitiva, devendo o Estado emitir-lhes os respectivos títulos" (Constituição Estadual de Goiás, Art. 16 ADCT).

Finalmente, em 2001, o governo federal lançou um decreto que buscava dar os detalhes sobre como seria o reconhecimento das terras para os quilombolas — mas infelizmente não era o que estas comunidades esperavam!

O Decreto nº 3.912, de 2001

Quando o governo federal finalmente se posicionou sobre a questão, pelo Decreto nº 3.912/2001, o resultado não poderia ser mais desanimador para as comunidades quilombolas: os critérios para a regularização de suas terras eram tão absurdos que praticamente tornavam impossível que qualquer comunidade tivesse suas terras legalizadas.

Já em seu primeiro artigo, este decreto estabelecia que somente seria concedido o título de propriedade para as terras das comunidades que eram ocupadas por quilombos em 13 de maio de 1888 e que continuassem ocupadas por remanescentes destes quilombos em 5 de outubro de 1988. Ora, e se justamente nesta data a comunidade estivesse desocupada por conta das lutas pela abolição e tivesse voltado a se estabelecer depois disso? E todas as comunidades fundadas por ex-escravos após a abolição? Pior que isso: quantas comunidades teriam, nos dias de hoje, condição de provar através de reminiscências arqueológicas que efetivamente ocupavam aquele local cem anos antes?

Além destes óbvios problemas, o decreto não previa nenhum tipo de indenização aos ocupantes das terras que não fossem da comunidade quilombola, o que dificultava em muito a retirada destes das terras da comunidade.

Muitas foram as vozes que protestaram contra as condições estabelecidas neste decreto, que de acordo com muitos juristas e estudiosos havia sido fortemente influenciado por grupos que não queriam perder suas terras para as comunidades quilombolas. Ante esta pressão, o governo se mobilizou e pouco mais de dois anos depois lançou novo decreto, que finalmente estabelecia critérios mais justos para a titulação de terras destas comunidades.

O Decreto Nº 4.887, DE 2003

No ano de 1989, diversos países se reuniram na 169ª Convenção da Organização Internacional do Trabalho — OIT sobre Povos Indígenas e Tribais, em Genebra. Esta convenção gerou um conjunto de artigos a serem seguidos pelos países signatários, que foi ratificado pelo Brasil em 2002.

O primeiro artigo da convenção tratava justamente do critério a ser seguido quando se desejasse estabelecer a identidade de determinada comunidade:

"**A consciência de sua identidade indígena ou tribal deverá ser considerada como critério fundamental para determinar os grupos aos quais se aplicam as disposições da presente Convenção**".

Em outras palavras, para sabermos a identidade étnica de uma determinada comunidade, o critério a ser seguido é a própria visão da comunidade sobre sua herança étnica conforme suas tradições orais e culturais.

Seguindo a linha diretriz desta convenção, o Decreto nº 4.887, de 2003, em seu segundo artigo estabelece que

> Benedito Alves da Silva, líder da comunidade quilombola de Ivaporunduva, no Alto Vale do Rio Ribeira, conta o que lhe foi ensinado pela tradição oral sobre a história de sua comunidade: que desde 1700 os negros dali já eram livres, mas que viviam em constante apreensão, pois era comum haver expedições para raptar membros da comunidade e vendê-los como escravos para mineradores em Iporanga e outras cidades próximas.

"**Consideram-se remanescentes das comunidades dos quilombos os grupos étnico-raciais, segundo critérios de autoatribuição, com trajetória histórica própria, dotados de relações territoriais específicas, com presunção de ancestralidade negra relacionada com a resistência à opressão histórica sofrida**".

O intuito deste decreto foi objetivar tudo o que havia sido deixado sem detalhes na Constituição de 1988, regulamentando "o procedimento para identificação, reconhecimento, delimitação, demarcação e titulação das terras ocupadas por remanescentes das comunidades dos quilombos de que trata o art. 68 do Ato das Disposições Constitucionais Transitórias".

Neste decreto, o governo dá ao Instituto Nacional de Reforma Agrária (Incra) a atribuição oficial na esfera federal para conduzir os processos de demarcação e titulação de terras de quilombolas, dando liberdade aos estados da federação para definirem outros institutos que o fizessem na esfera estadual, caso assim o desejassem. O decreto chega a dar detalhes de procedimentos a serem seguidos pelo Incra ou outros órgãos que forem promover a titulação das terras, como por exemplo o modelo para os Relatórios Técnicos de Identificação e Delimitação — RTID, que sintetiza dados cartográficos e antropológicos de maneira objetiva, permitindo definir qual área será oficialmente reconhecida para determinada comunidade quilombola.

Além disso, o decreto cria o **Programa Brasil Quilombola**, coordenado pela Subsecretaria de Políticas para Comunidades Tradicionais da Secretaria de Políticas de Promoção da Igualdade Racial (SEPPIR). Este programa organiza os esforços de 23 órgãos da Administração federal e projetos para participação da sociedade na melhoria da qualidade de vida das comunidades quilombolas, incluindo ações para garantir o direito à terra, educação, alimentação, saúde, cultura, moradia, esporte, saneamento básico e lazer, sempre com foco em melhorar as condições das comunidades sem desrespeitar sua realidade e cultura próprias.

Até 2002, o governo havia cadastrado cerca de 750 quilombos em todo o Brasil. Com a criação do Programa Brasil Quilombola, a nova regulação que permitia a autoatribuição das comunidades e as políticas de apoio do governo a elas foram mais divulgadas, de forma que em 2012 chegamos à identificação de 3.644 possíveis comunidades quilombolas no país.

Obviamente, visando coibir abusos, o processo de titulação das terras destas comunidades passa por uma avaliação criteriosa, que se inicia pela certificação pela Fundação Cultural Palmares (instituição pública vinculada ao Ministério da Cultura) de que a comunidade realmente se reconhece como quilombo.

Antes de falarmos um pouco mais sobre este processo de titulação de terras, vamos conhecer melhor quais são as principais instituições responsáveis pelo apoio à melhoria da qualidade de vida das comunidades quilombolas e quais seus objetivos.

INSTITUIÇÕES DE APOIO ÀS COMUNIDADES QUILOMBOLAS

Assim que foi promulgada a Constituição de 1988, a necessidade de o Brasil pagar sua dívida histórica com os descendentes de escravos começou a ser mais fortemente discutida.

Logo se percebeu que não se tratava de simplesmente regularizar as terras habitadas e utilizadas para o sustento das comunidades de quilombolas, mas que seria necessário um amplo conjunto de ações visando atender às diversas carências destas comunidades.

Fundação Cultural Palmares

Em 1988, o governo federal criou a Fundação Cultural Palmares pela Lei nº 7.668, com a finalidade de "promover os valores culturais, sociais e econômicos decorrentes da influência negra na formação da sociedade brasileira".

Com a missão de preservar, proteger e disseminar a cultura negra, visando à inclusão e ao desenvolvimento da população negra no país, esta fundação, que é um órgão vinculado ao Ministério da Cultura, desenvolve ações que visam ao estímulo, à valorização e ao desenvolvimento da cultura e do patrimônio afro-brasileiro; ao desenvolvimento de ações de inclusão e sustentabilidade das comunidades remanescentes de quilombos; e à realização de pesquisas, estudos e levantamento de dados e informações sobre a população afrodescendente e, mais especificamente, sobre a cultura e o patrimônio afro-brasileiro.

Estas ações são realizadas por três departamentos da fundação: o Departamento de Proteção ao Patrimônio Afro-Brasileiro (DPA), o Departamento de Fomento e Promoção da Cultura Afro-brasileira (DEP) e o Centro Nacional de Informação e Referência da Cultura Negra (CNIRC).

A Fundação Cultural Palmares foi o primeiro órgão federal criado especificamente para promover a inclusão social da população negra. Em seu *site* na internet, http://www.palmares.gov.br, a instituição informa que seus valores são:

- COMPROMETIMENTO com o combate ao racismo, a promoção da igualdade, a valorização, difusão e preservação da cultura negra;

- CIDADANIA no exercício dos direitos e garantias individuais e coletivas da população negra em suas manifestações culturais;

- DIVERSIDADE, no reconhecimento e respeito às identidades culturais do povo brasileiro.

A Fundação Cultural Palmares promoveu importantes avanços no combate ao racismo e na preservação da cultura afro-brasileira desde sua criação, mas sua atuação e visibilidade ganharam ainda mais força com o Decreto nº 4.887, de 2003, que deu à fundação a responsabilidade de certificar as comunidades que se diziam quilombolas, como primeiro passo do processo de regularização de suas terras.

Também em 2003, a criação da Secretaria de Políticas de Promoção da Igualdade Racial (SEPPIR) veio reforçar a importância da Fundação Cultural Palmares, que se tornou um importante elemento nas políticas da SEPPIR.

Secretaria de Políticas de Promoção da Igualdade Racial (SEPPIR)

O Movimento Negro brasileiro, cujas lutas por políticas específicas do governo federal de apoio à população afro-brasileira já haviam grandemente influenciado a criação da Fundação Cultural Palmares, teve nova vitória em 21 de março de 2003, o Dia Internacional pela Eliminação da Discriminação Racial, instituído pela Organização das Nações Unidas (ONU).

Neste dia, o governo federal emitiu a Medida Provisória nº 111, que criou a Secretaria de Políticas de Promoção da Igualdade Racial (SEPPIR), com o objetivo explícito de coordenar ações de diversos órgãos do governo para a promoção da igualdade racial e o combate à discriminação racial ou étnica.

Para isso, a SEPPIR tem como atribuição formular políticas e diretrizes a serem seguidas por diversos órgãos da administração federal, coordenar e acompanhar as ações desses órgãos e promover programas de cooperação com organismos nacionais e internacionais, públicos e privados.

Estas políticas e diretrizes foram sintetizadas na assim chamada Agenda Social Quilombola, que foi estruturada em quatro eixos principais focados na melhoria da qualidade de vida das comunidades quilombolas:

- **Acesso à terra**, que reúne as ações que visam resolver problemas de regularização fundiária, ou seja, as questões relativas à emissão de títulos que garantam a posse legal das terras habitadas pelas comunidades quilombolas.

- **Infraestrutura e qualidade de vida**, que reúne as ações para melhoria da infraestrutura básica das comunidades, como saneamento, segurança, saúde, educação, água, luz, telefone, entre outras. Neste eixo encontramos, por exemplo, o projeto de Cozinhas Comunitárias, realizado em comunidades na Bahia, Maranhão, Pernambuco e Pará; e o projeto Luz para Todos, focado em comunidades carentes em todo o Brasil.

- **Desenvolvimento econômico e social**, com ações visando ao desenvolvimento local, respeitando a cultura da comunidade e o meio ambiente. Nesta linha se enquadra, por exemplo, o programa Arranjos Produtivos Locais

(APL), que apoia a produção e a venda de piaçava, babaçu, castanha, açaí, andiroba e frutos do cerrado nos estados da Bahia, Maranhão, Pernambuco e Pará.

- **Direitos de cidadania**, com ações que visam incrementar a participação social das comunidades em fóruns locais e nacionais de políticas públicas, seu acesso a informações sobre as ações promovidas pelo governo e seu envolvimento na execução e acompanhamento dessas ações em sua comunidade.

Estas diretrizes foram detalhadas no Programa Brasil Quilombola (PBQ). Esse detalhamento envolveu a definição de ações com 23 diferentes órgãos do governo federal, entre secretarias especiais e ministérios, metas bem definidas a serem atingidas e formas para acompanhar os resultados atingidos.

O Programa Brasil Quilombola (PBQ)

Seguindo as diretrizes sugeridas pela Agenda Social Quilombola, a SEPPIR reuniu os projetos do governo federal para melhoria da qualidade de vida nas comunidades remanescentes de quilombos no Programa Brasil Quilombola (PBQ).

Os projetos do PBQ são voltados a todas as comunidades identificadas e certificadas pela Fundação Cultural Palmares, que até junho de 2012 havia mapeado 3.644 comunidades e certificado 1.820 delas.

Esses projetos buscam atender de maneira ampla todas as carências dessas comunidades, incluindo saneamento básico (água e esgoto), eletricidade, recuperação ambiental, projetos para apoio a manifestações culturais da comunidade, moradia, educação, saúde e outros, seja por meio de projetos específicos para essas comunidades, seja por mecanismos para inclusão dessas comunidades nos projetos do governo voltados às comunidades carentes em geral.

Segundo a página do Programa Brasil Quilombola (PBQ) no *site* da SEPPIR, em http://www.seppir.gov.br/acoes/pbq, as principais realizações do programa até o momento são:

- Regularização fundiária – Desde 2005, 81 Relatórios Técnicos de Identificação e Delimitação (RTDIs) foram publicados, totalizando uma área de 516 mil hectares e beneficiando 10.625 famílias quilombolas. No mesmo período, outras 3.755 famílias foram beneficiadas por meio da publicação de 40 portarias de reconhecimento, totalizando 216 mil hectares reconhecidos.

- Certificação – Entre 2004 e 2008, 1.342 comunidades foram certificadas como remanescentes de quilombos pela Fundação Cultural Palmares.

- Luz para Todos – O programa de eletrificação coordenado pelo Ministério das Minas e Energia chegou à marca de 19.821 domicílios atendidos em áreas quilombolas, investindo R$ 99 milhões no período entre 2004 e 2008.

- Bolsa Família – O programa de renda mínima, sob a responsabilidade do Ministério do Desenvolvimento Social e Combate à Fome, alcançou 19 mil famílias quilombolas ao final de 2008.

- Desenvolvimento local – Projetos de desenvolvimento local, fruto de parcerias entre SEPPIR, Eletrobras, Petrobras, Caixa Econômica Federal, Fundação Universidade de Brasília e Ministério do Desenvolvimento Social e Combate à Fome destinaram R$ 13 milhões a projetos de desenvolvimento econômico sustentável em comunidades quilombolas de oito estados brasileiros.

- Desenvolvimento agrário – Através do Programa Territórios da Cidadania, o Ministério do Desenvolvimento Agrário destinou em 2008 R$ 82 milhões para ações específicas de desenvolvimento regional e garantia de direitos sociais em comunidades quilombolas. Também em 2008, outros

12 projetos de desenvolvimento agrário foram apoiados com R$ 1,9 milhão, beneficiando 59 comunidades em nove estados.

Instituto Nacional de Colonização e Reforma Agrária (Incra)

O Incra, Instituto Nacional de Colonização e Reforma Agrária, foi criado em 1970 com a missão de realizar a reforma agrária. Para isso, o Incra tem as atribuições de administrar as terras de propriedade pública e de manter um cadastro nacional no qual são registrados todos os imóveis rurais de propriedade privada.

A reforma agrária de que fala a missão do Incra é, basicamente, a redistribuição das terras de forma que possam ser melhor aproveitadas pela sociedade. Assim, áreas não utilizadas pelos donos de latifúndios podem ser desapropriadas e um novo título de propriedade pode ser emitido em nome de pequenos produtores, que utilizarão a terra de forma mais produtiva — nos assim chamados "assentamentos".

Além de ser o órgão da administração federal responsável pela emissão dos títulos de propriedade, o Incra incorporou outras prioridades nos últimos anos, como por exemplo apoiar o desenvolvimento das comunidades nos mais de oito mil assentamentos já existentes no país, procurando garantir que este desenvolvimento seja realizado de maneira sustentável. Ações que visam garantir o equilíbrio ambiental e o desenvolvimento territorial integrado com as potencialidades de cada região também fazem parte do leque de atividades do Incra.

PROCESSO PARA TITULAÇÃO DE UMA COMUNIDADE QUILOMBOLA

Agora que conhecemos as entidades envolvidas no processo de regularização das terras das comunidades quilombolas, vamos conhecer como funciona este processo, que se inicia com a solicitação de reconhecimento que a comunidade faz à Fundação Cultural Palmares e termina com o título de posse de terras emitido — daí ser chamado de processo de titulação.

É importante destacar que as terras tituladas para determinada comunidade não se restringem ao local onde suas casas estão construídas, mas abrange todas as terras utilizadas por aquela comunidade em seu dia a dia, para agricultura, caça, pesca, pecuária, extrativismo e outras atividades econômicas, sociais e culturais do grupo.

Esse entendimento da SEPPIR é apoiado pela Política Nacional de Desenvolvimento Sustentável dos Povos e Comunidades Tradicionais, instituída pelo Decreto nº 6.040, de 2007, que prevê, em seu terceiro artigo, que:

"Os territórios tradicionais são espaços necessários à reprodução cultural, social e econômica dos povos e comunidades tradicionais, sejam eles utilizados de forma permanente ou temporária, observado, no que diz respeito aos povos indígenas e quilombolas, respectivamente, o que dispõem os artigos 231 da Constituição e 68 do Ato das Disposições Constitucionais Transitórias e demais regulamentações".

"São reconhecidos aos índios sua organização social, costumes, línguas, crenças e tradições, e os direitos originários sobre as terras que tradicionalmente ocupam, competindo à União demarcá-las, proteger e fazer respeitar todos os seus bens."

Artigo 231 da Constituição Federal de 1988

O artigo 68 do Ato das Disposições Constitucionais Transitórias já é nosso conhecido; como falamos anteriormente, ele é justamente a regulação que iniciou a discussão sobre os direitos das comunidades quilombolas, em

1988. O artigo 231 da Constituição, também mencionado no Decreto nº 6.040, trata do assunto das terras ocupadas por índios.

Como o critério para estipular a extensão destas terras é subjetivo, definiu-se um processo de titulação que envolve diversos passos, que se, por um lado, diminui a chance de abusos por parte das comunidades, por outro, dificulta em muito o processo de regularização das terras, o que é muito criticado por diversas organizações do Movimento Negro no Brasil.

De maneira simplificada, o processo de titulação compreende os seguintes passos:

- Passo 1: A comunidade solicita seu reconhecimento à Fundação Cultural Palmares, normalmente por intermédio de uma associação de moradores já existente ou criada para este fim.

- Passo 2: A Fundação Palmares realiza verificações e, se devido, emite o certificado de que realmente se trata de uma comunidade quilombola.

- Passo 3: A comunidade entra com um processo no Incra solicitando sua titulação.

- Passo 4: O Incra elabora o Relatório Técnico de Identificação e Delimitação (RTID), que inclui o cadastramento das famílias quilombolas e detalhes sobre qual área deve ser regularizada para aquela comunidade.

- Passo 5: O Incra divulga publicamente o RTID, estipulando um prazo para que possíveis interessados possam apresentar suas contestações.

- Passo 6: Após a avaliação das eventuais contestações, o Incra publica uma portaria reconhecendo o território como de interesse social e de posse da comunidade quilombola.

- Passo 7: O Incra realiza o processo de retirada dos ocupantes não quilombolas daquele território, pagando-lhes uma indenização pela terra ocupada e pelas benfeitorias que tenham construído.

- Passo 8: Cadastramento do território no Sistema Nacional de Cadastro Rural mantido pelo Incra.
- Passo 9: Finalmente, o Incra emite o título de propriedade para a comunidade.

Na figura a seguir, mostramos este processo de maneira gráfica.

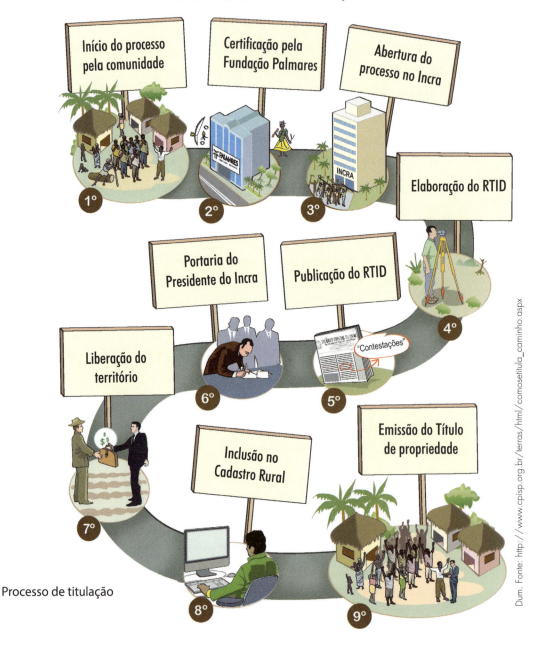

Processo de titulação

Os órgãos envolvidos em cada um dos passos citados têm uma série de dificuldades para dar andamento ao processo de regularização de terras. A primeira dificuldade é o grande número de comunidades quilombolas mapeadas e a sua dispersão por todo o território nacional — não estamos falando de algumas dezenas ou centenas, mas de milhares de comunidades, em quase todos os estados brasileiros. A figura a seguir mostra a quantidade de comunidades mapeadas em cada estado brasileiro, conforme dados compilados pela Fundação Palmares até maio de 2012.

Quantidade de comunidades quilombolas mapeadas em cada estado

Como vemos no mapa anterior, os estados com maior concentração de quilombos são Bahia e Maranhão, com mais de 800 comunidades cada. Após estes dois, há ainda três estados com mais de 200 comunidades: Minas Gerais, Pernambuco e Pará.

Além da grande quantidade de comunidades a serem avaliadas para eventual titulação, os órgãos responsáveis por esse processo passam por diversas dificuldades, tanto internas, como falta de recursos e pessoal para execução de suas atividades, como externas, como a pressão de grupos que são afetados pela titulação e não desejam que ela aconteça. Isso, aliado à natureza burocrática do processo de titulação, faz com que um número pequeno de processos passe de cada etapa para a seguinte.

Pelos números apresentados na tabela a seguir, vemos o quão difícil é uma comunidade quilombola ser efetivamente reconhecida como dona das terras habitadas por ela: de 3.644 comunidades mapeadas até maio de 2012, apenas 1.820 foram certificadas pela Fundação Cultural Palmares. Destas, apenas 1.167 comunidades efetivamente abriram processos para titulação no Incra, e foram realizados apenas 147 RTIDs para identificar efetivamente as terras a serem tituladas.

EVOLUÇÃO DAS TITULAÇÕES, EM NÚMERO DE COMUNIDADES EM CADA ETAPA, POR ANO

	2003	2004	2005	2006	2007	2008	2009	2010	2011	2012	Total
Comunidades mapeadas	–	1.826	252	339	416	160	127	98	226	200	3.644
Certificações pela Fundação Palmares	–	252	340	417	159	129	99	226	198	–	1.820
Processos abertos no Incra	9	111	208	189	167	124	147	73	136	3	1.167
RTIDs publicados pelo Incra	–	24	18	20	14	23	27	21	–	–	147

Fonte: Fundação Palmares (http://www.palmares.gov.br) e Incra (http://www.incra.gov.br).

* Os números de 2012 se referem apenas aos meses de janeiro a maio, conforme informações disponíveis nos **sites** do Incra e da Fundação Palmares.

Após a publicação dos RTIDs, ainda é necessário remover os ocupantes das terras que não façam parte das comunidades quilombolas, o que também pode demorar bastante tempo. A lentidão desse processo faz com que, das 3.644 comunidades mapeadas pela Fundação Cultural Palmares, apenas 121 tenham efetivamente recebido seus títulos até hoje.

Na tabela a seguir, mostramos quantos títulos foram concedidos pelo Incra até maio de 2012, em cada estado da federação.

TÍTULOS DO INCRA ATÉ 2012, EM CADA ESTADO, CONFORME RELATÓRIO DISPONÍVEL NO *SITE* DO INCRA

ESTADO	TÍTULOS
Pará	56
Maranhão	23
Rio Grande do Sul	8
São Paulo	7
Bahia	6
Piauí	5
Mato Grosso do Sul	4
Amapá	3
Rio de Janeiro	2
Pernambuco	2
Mato Grosso	1
Goiás	1
Sergipe	1
Minas Gerais	1
Rondônia	1
Total	121

Fonte: Incra (http://www.incra.gov.br).

Os 121 títulos emitidos pelo Incra regularizam 109 territórios, beneficiando 190 comunidades e quase 12.000 famílias. Mas se muitos já receberam seus direitos, ainda há muitos mais que ainda estão lutando por eles.

O processo de titulação é complexo e demorado, mas ele é apenas um dos entraves para a regularização das terras das comunidades quilombolas. Vamos falar um pouco mais desses desafios e conhecer um pouco da opinião dos próprios quilombolas sobre o assunto.

OS DESAFIOS PARA A TITULAÇÃO

O primeiro desafio enfrentado por uma comunidade quilombola para sua titulação é se organizar: é necessário que haja uma associação que represente os moradores e em nome da qual o pedido será realizado e, eventualmente, o título de posse das terras emitido.

Desde este momento inicial é grande a pressão de fazendeiros, indústrias, posseiros e outros ocupantes das terras, que muitas vezes dizem que têm a posse legal delas, o que nem sempre é verdadeiro. Para não perderem o direito à terra que ocupam, muitos não hesitam em pressionar a comunidade, ameaçar e mesmo realizar ataques aos quilombolas, na esperança de fazê-los desistir de seus direitos.

Ana Emília Moreira Santos, moradora da comunidade quilombola de Matões dos Moreira, no Maranhão, conta que entre as décadas de 70 e 90 diversas pessoas apareceram na região se dizendo donas das terras habitadas pela comunidade e que, para pressionarem os moradores, derrubavam cercas e casas, passavam tratores pelas plantações e chegaram a matar os negros mais persistentes.

Durante o processo de regularização há ainda possíveis conflitos legais, uma vez que, da mesma forma que a posse da terra é garantida aos quilombolas pela Constituição de 1988, em determinadas situações também há leis que garantem a posse da terra para outros grupos ou instituições.

É o que acontece com as terras de comunidades situadas em áreas de proteção ambiental e que, por lei, não podem ser vendidas nem habitadas. Como atender à comunidade sem ferir a legislação ambiental?

Outro caso de conflito acontece quando as comunidades estão estabelecidas em áreas que pertencem ao próprio governo. Um exemplo marcante desta situação é o da comunidade quilombola de Rio dos Macacos, que fica entre as cidades de Simões Filho e Salvador, na Bahia.

Esta comunidade é composta por quarenta famílias e está situada há mais de um século na região, que no século XVII era um grande centro de produção de açúcar. Os membros da comunidade mantêm muitas das tradições de seus antepassados, vivendo de pesca, agricultura e extrativismo. Como nos antigos quilombos, a produção é armazenada e distribuída de maneira comunitária.

> Maurícia Maria de Jesus, moradora do quilombo Rio dos Macacos, diz que seu pai, Severiano dos Santos, nasceu na comunidade em 1910 e que ele dizia que o avô, José Custódio Rebeca, também havia nascido ali, indicando pela tradição oral há quanto tempo a comunidade existe.

No início da década de 1970, a Marinha iniciou na região a construção das edificações onde hoje se localiza a Base Naval de Aratu. Na mesma época, a Marinha construiu a Barragem do Rio dos Macacos, que inundou parte da região e dividiu a área ocupada pela comunidade pela metade.

Começaram também nesta época as tentativas de expulsar dali as famílias que habitavam a região. Sem conseguir fazê-lo, a administração militar declarou a área como de uso restrito e estabeleceu diversas proibições, como a de construir novas casas ou reformar as antigas, manter as hortas criadas para subsistência, realizar qualquer tipo de criação de gado, e mesmo restringiu a entrada e saída de pessoas do local, que só seria possível com a permissão da Marinha.

Desde então os conflitos se sucedem, e, apesar da atuação de representantes de diversas entidades, a situação parece longe de ser resolvida.

> José Araújo dos Santos, morador do quilombo Rio dos Macacos, diz que o avô nasceu na comunidade em 1885, seu pai em 1910 e que a Marinha, que atualmente se diz dona das terras, só chegou ali nos anos 1970.

Um dos problemas mais recentes ocorreu em maio de 2012, quando, após uma chuva muito forte, José Araújo dos Santos, morador da comunidade, precisou reconstruir parte de sua casa que tinha sido derrubada pela chuva.

Sabendo do fato, a Marinha imediatamente enviou um agrupamento de fuzileiros para impedir a reconstrução, causando uma confusão que repercutiu na imprensa e gerou protestos de entidades de proteção dos direitos humanos.

Até agosto de 2012 a situação em Rio dos Macacos continuava tensa. Após o Incra emitir o RTID confirmando que a comunidade é remanescente de um quilombo e indicando a área que deveria ser regularizada, a Marinha entrou com um processo na justiça, e o juiz que julgou o caso deu um prazo de trinta dias para que a comunidade saísse da área. A mobilização da sociedade evitou que isso acontecesse, mas até a elaboração deste livro o impasse não havia sido resolvido.

Quilombo Rio dos Macacos, em área de conflito com a Marinha, Simões Filho, Salvador/BA, 2012.

Outro exemplo é o da comunidade de Ivaporunduva, situada no Alto Vale do Rio Ribeira, no estado de São Paulo. Com parte de suas terras dentro da área da empresa Alagoinha Companhia de Empreendimentos Gerais, esta comunidade iniciou sua luta pela regularização antes mesmo do Decreto nº 4.887, de 2003, que definiu os procedimentos para titulação. Em 22 de agosto de 1994, a comunidade entrou na justiça pelo direito à terra que usava para sua subsistência. Após oito anos, em 2002, finalmente a ação foi julgada procedente, declarando a comunidade como quilombola e forçando o governo a emitir o título da terra.

Em 2003, o Governo do Estado de São Paulo finalmente emitiu o título de posse, mas o fez para uma área de apenas 24% do total do território indicado na ação.

Dois anos depois, em 2005, o Incra abriu um processo para regularização do território, e em 2006 finalmente publicou o RTID no Diário Oficial, reconhecendo a área de ocupação total da comunidade conforme sua primeira demanda, mais de doze anos antes.

Finalmente, após recursos e negociações com todos os envolvidos, a comunidade foi titulada, em 1º de julho de 2010, concluindo assim quase quinze anos de lutas.

Exemplos como esse acontecem em muitas das comunidades quilombolas, com processos para a regularização de terras se arrastando, normalmente, por muitos anos.

Mas, afinal, por que é tão importante esta titulação?

É o que vamos descobrir a seguir.

IMPORTÂNCIA DA TITULAÇÃO DAS TERRAS DAS COMUNIDADES QUILOMBOLAS

A questão da titulação das terras das comunidades quilombolas não é a única, mas talvez seja a mais importante de todas as outras que envolvem estas comunidades.

Não se trata apenas de resgatar a dívida histórica que todos temos com os descendentes de africanos que foram trazidos à força ao país e aqui obrigados à escravidão, sem ter nem mesmo direito à terra de que tiravam seu sustento.

Ter suas terras regularizadas é importante simplesmente porque muitas vezes este é o primeiro passo para que a comunidade seja inserida em uma série de programas de apoio a comunidades quilombolas. Dessa forma, após a titulação o governo e a sociedade civil iniciam ações para trazer luz, saneamento e uma série de benefícios para a comunidade, melhorando significativamente sua qualidade de vida.

> Gleicemara, moradora do Quilombo Chácara Buriti, em seu depoimento para o site da Comissão Pró-Índio de São Paulo, conta que os membros de sua comunidade já se reconhecem como quilombolas e que as terras foram demarcadas mas não tituladas, o que é um problema. Ela ressalta que, enquanto o Incra envia muitas cartas pedindo informações, as terras estão indo a leilão devido ao atraso no pagamento de impostos, entre outros problemas.

Outro ponto que não podemos esquecer é a questão do reconhecimento das raízes étnicas da comunidade e o impacto disso no orgulho de seus habitantes. Esta questão pode parecer pouco significativa, falando assim, mas é de enorme importância se lembrarmos que a autoestima dos habitantes destas comunidades muitas vezes é baixa devido a séculos de dominação e preconceito, e que esta vitória é um primeiro e importante passo para que se orgulhem de quem são e de seu passado. Para muitos, conseguir a titulação das terras onde vivem é uma questão de honra.

Vamos a seguir descobrir um pouco mais sobre o que muda em uma comunidade quilombola após ela conseguir seu título de terras, principalmente a partir de depoimentos dos moradores dessas comunidades ao *site* da Comissão Pró-Índio de São Paulo (CPISP).

O QUE MUDA QUANDO UM QUILOMBO É RECONHECIDO

O quilombo Lagoa da Pedra, em Tocantins, recebeu sua titulação em primeiro de setembro de 2004.

A primeira grande mudança foi o reconhecimento pelos próprios habitantes da comunidade de sua identidade étnica, resgatando seu respeito e aumentando a sua visibilidade pelas comunidades e cidades vizinhas.

Ruimar Antônio de Farias, ex-presidente da associação dos moradores da comunidade, expressa em poucas palavras o sentimento da comunidade, dizendo que antes da titulação era como se eles não existissem e que, hoje, ao visitar Arraias, a cidade vizinha, as pessoas já o reconhecem como morador do quilombo e querem saber como andam as coisas em sua comunidade.

A titulação foi apenas a primeira de muitas mudanças. Com a comunidade incluída na lista de diversas políticas públicas, e com maior visibilidade ante a sociedade em geral, a energia elétrica chegou em 2005, um ano depois da regularização das terras. Neste mesmo ano foi instituída uma linha de ônibus indo da comunidade até as cidades de Campos Belos (a 50 km de distância), passando por Arraias (a 34 km), distância que muitas vezes precisava ser transposta por cavalos, burros e carroças, ou mesmo a pé, o que aumentava o isolamento da comunidade quilombola.

No ano seguinte, foram instalados um telefone público e a rede de água, incluindo a construção de 34 banheiros, fossas e tanques para lavar roupas.

A Escola Municipal Joaquim Aires França, que estava fechada quando da titulação, foi reaberta depois do reconhecimento, ofertando

Neres Francisco Machado, presidente da associação de moradores do quilombo de Lagoa da Pedra, diz que após a titulação a situação da comunidade mudou totalmente, com o estabelecimento de uma escola, chegada de telefone, água encanada, energia e uma linha de transporte com as cidades vizinhas, além de mais acesso ao poder público e à assistência social.

aulas para 1º e 2º anos. Em 2010, a escola já funcionava até o 5º ano e empregava professores da própria comunidade.

Além disso, a comunidade recebeu tratores e um projeto para criação de uma horta comunitária (Horta Circular Mandala), um projeto de agricultura autossustentável, além de outros projetos envolvendo a comunidade, que vão desde a doação de uma padaria comunitária em 2009 até a organização de feiras de Negócios de Agricultura Familiar, promovidas pela própria comunidade com o apoio de programas de incentivo ao desenvolvimento local.

Os próprios jovens da comunidade reconhecem a mudança, como Vilma Costa Dias, que aos 16 anos (em 2008) afirmava que a vida na comunidade mudou bastante, que além de receberem água, energia, telefone e esgoto, a discriminação contra os moradores, então comum nas comunidades vizinhas, diminuiu muito.

Esta situação se repete em todas as comunidades tituladas.

Por exemplo, em Campinho da Independência, no Rio de Janeiro, a moradora Silvia Barreiro Martins destaca o quanto a comunidade ganhou visibilidade após a titulação, informando que aumentou a integração com outras comunidades e a participação de habitantes da comunidade em cursos e eventos.

Arilda Alves da Conceição, também uma moradora local, lembra da questão do desenvolvimento da comunidade e que até os artesões do quilombo, que trabalhavam isoladamente, se reuniram para expor e vender os trabalhos em conjunto. Outros benefícios para a comunidade, como a criação de um posto médico e uma escola, também são lembrados por Arilda.

Outro depoimento interessante é o de Cacilda Ramos Dias, moradora da comunidade quilombola de Pedro Cubas, uma das muitas comunidades quilombolas situadas no Vale do Rio Ribeira no estado de São Paulo. Falando sobre as mudanças na comunidade após o reconhecimento das terras, Cacilda destaca que a escola que estava desativada começou a funcionar novamente e que foram iniciados diversos grupos de trabalho, primeiro com a união das mulheres para a produção de uma horta comunitária e, a seguir, com os homens também se organizando para atividades de agricultura e artesanato.

Percebemos pelas palavras destes moradores de quilombos que o que eles querem não é muito, pelo contrário, a luta que travam é pelas coisas mais básicas, os direitos mais simples a que todos deveriam ter acesso.

Enquanto o título não chega, os moradores de milhares de comunidades ainda não regularizadas sonham com as mudanças que virão. É o caso da comunidade de Arapemã, no Pará, o estado que mais tem comunidades tituladas. Os anseios da comunidade são bem expressos pelas palavras de Maria Alba da Cruz Vasconcelos, moradora do quilombo, que diz que todos esperam que com a titulação possam construir uma escola e ampliar suas casas, organizando-as para garantir espaço suficiente para suas plantações e criações de bovinos, suínos e aves, que já existem na comunidade, mas não podem ser expandidas por falta de espaço. Além disso, eles esperam ter novamente uma igreja na comunidade, uma vez que a igreja antiga foi desativada quando seu terreno foi vendido.

Além da realização desses sonhos simples, mas muito importantes para o desenvolvimento da comunidade e a melhoria de sua auto-estima, há ainda a questão de se livrar das constantes lutas pela posse da terra e das pressões e ameaças que vêm de outros interessados nas terras. A este respeito, Maria Alba diz que acredita que a titulação é, no fundo, a liberdade tão ansiada pela comunidade desde a época de seus antepassados, porque a pressão dos fazendeiros que dominam a região faz com que eles se sintam continuamente ameaçados.

É triste ver que, mais de cem anos após o fim da escravidão, os descendentes de escravos ainda sonham com a liberdade. É nossa obrigação, independentemente da raça, lutar para que esta situação seja resolvida de uma vez por todas.

Quilombos e quilombolas hoje

A população negra do Brasil é a segunda maior do mundo. Segundo o censo realizado pelo IBGE em 2010, no qual os próprios entrevistados indicam sua cor, caso desejado, a população autoidentificada como "negra" ou "parda" (descendente de negros) é de cerca de 97 milhões, ou 52,3% da população brasileira.

Esta população está distribuída em todos os estados da federação, e boa parte dela vive em pequenas cidades e vilas. Como, então, definir exatamente quais destas comunidades realmente são oriundas de quilombos e ainda mantêm suas características originais?

Já vimos que, após a fracassada tentativa do Decreto nº 3.912, de 2001, de estabelecer critérios baseados em provas arqueológicas de que determinada comunidade originou-se de um quilombo, o Decreto nº 4.887, de 2003, estabeleceu que esta definição deve ser realizada pela própria comunidade — o critério básico para saber se uma comunidade é remanescente de um quilombo é que os membros desta comunidade, representados por uma associação de moradores, se reconheçam como tal.

No entanto, este critério não pode ser o único a se adotar, pois é necessário que se confirme de alguma forma a identificação da comunidade para que se evitem abusos. É justamente o que faz a Fundação Cultural Palmares, ao certificar uma comunidade: ela valida a declaração da comunidade com base em análises variadas, principalmente de cunho antropológico e sociológico.

É muito difícil definir padrões para estas análises, pois, como vimos no início do livro, os negros trazidos como escravos para o Brasil são oriundos de diversos povos, tendo, portanto, costumes muito variados.

Se é que podemos indicar algum ponto em comum em todas as comunidades quilombolas, além da ancestralidade, este seria a constatação de que **os quilombos continuam sendo espaços de resistência**.

84

Nesta linha, a Associação Brasileira de Antropologia definiu as comunidades quilombolas como "grupos que desenvolveram práticas de resistência na manutenção e reprodução de seus modos de vida característicos num determinado lugar".

Esta associação indica ainda que a identidade da comunidade pode ser definida "pela experiência vivida e as versões compartilhadas de sua trajetória comum e da continuidade enquanto grupo. Trata-se, portanto, de uma referência histórica comum, construída a partir de vivências e valores partilhados".

Quilombo Ivaporunduva, no Vale do Ribeira, em São Paulo, 2010.

Em outras palavras, podemos dizer que os quilombos de hoje em dia são muito variados quanto à maneira como constroem suas casas, quanto à forma como conseguem sua subsistência, em suas relações sociais, em suas festividades religiosas e culturais... Em quase todos os aspectos que analisarmos, cada comunidade quilombola terá suas particularidades, suas características únicas a serem preservadas.

Sabendo então que o que une essas comunidades, além de sua herança étnica, é a característica de serem espaços de resistência, de luta contra injustiças — ontem contra a escravidão, hoje contra o preconceito e o descaso da sociedade —, vamos explorar um pouco mais de perto seu mundo, descobrindo como é a vida em diversos quilombos dos dias atuais.

A IDENTIDADE CULTURAL E AS TRADIÇÕES ORAIS

Uma preocupação constante das entidades que apoiam o reconhecimento das terras e a melhoria da qualidade de vida das comunidades quilombolas é a preservação da identidade cultural dessas comunidades.

Seguindo esta preocupação, os legisladores responsáveis pela Constituição de 1988 incluíram artigos que tratam da dimensão cultural destes e de outros grupos cujas tradições estão em risco de se perderem.

> "Art. 215 - O Estado garantirá a todos o pleno exercício dos direitos culturais e acesso às fontes da cultura nacional, e apoiará e incentivará a valorização e a difusão das manifestações culturais.
>
> § 1º: O Estado protegerá as manifestações das culturas populares, indígenas e afro-brasileiras, e das de outros grupos participantes do processo civilizatório nacional.
>
> Art. 216 - Constituem patrimônio cultural brasileiro os bens de natureza material e imaterial, tomados individualmente ou em conjunto, portadores de referência à identidade, à ação, à memória dos diferentes grupos formadores da sociedade brasileira nos quais se incluem
>
> ...
>
> § 5º: Ficam tombados todos os documentos e sítios detentores de reminiscências históricas dos antigos quilombos."
>
> Constituição Federal de 1988

A grande maioria das tradições das comunidades quilombolas é passada de geração em geração de forma oral, com os mais velhos contando aos mais novos como era a vida de seus antepassados e ensinando seus costumes por meio de exemplos e histórias.

Em algumas situações, inclusive, são preservadas diversas palavras da língua africana original do povo negro que fundou aquela comunidade. É o caso, por exemplo, do Quilombo do Cafundó, uma comunidade que fica em Salto de Pirapora, no estado de São Paulo.

Esta comunidade era formada, em 2012, por 24 famílias, totalizando cerca de 100 moradores, doze dos quais falantes da Cupópia, um dialeto que é uma mistura do português com algumas dezenas de vocábulos dos idiomas Umbundo e Quimbundo, como "chicongo" (chapéu), "pungo" (milho) e "tata" (homem).

Maria Aparecida Rosa de Aguiar é, em suas palavras, uma "anguta jocorotodo injó do Cafundó", ou seja, uma avó da comunidade do Cafundó. Segundo ela, a língua está morrendo por falta de interesse das crianças e jovens, pois as crianças têm vergonha de falar, não acham importante, e não há pessoas que levem adiante o antigo costume.

Apesar de as tradições orais por vezes serem desprezadas pelos mais jovens em algumas comunidades, em outras elas continuam sendo um elemento muito relevante para unir seus moradores e relembrar um passado muitas vezes distante.

Dois bons exemplos disso são as comunidades de Matões do Moreira, no Maranhão, e Sapé, em Minas Gerais, onde as histórias contadas de pais para filhos remontam à época em que os primeiros escravos fugidos chegaram ao local e fundaram estas comunidades.

Ana Emília Moreira Santos é moradora da comunidade quilombola de Matões dos Moreira, que fica no município de Codó, no estado do Maranhão. Ana Emília conta como o quilombo foi fundado por negros que fugiam da escravidão, a partir de três fazendas que havia na região. Ela narra que o quilombo existia desde a época de seus tataravôs, e que, quando chegou a notícia da lei assinada pela Princesa Isabel, eles já viviam livres na comunidade.

Uma história parecida é contada por Tânia Maria dos Santos Silva, moradora da comunidade quilombola de Sapé, de Minas Gerais. Tânia, que é casada e mãe de dois filhos, diz que seus avós contaram que o fundador da cidade foi um negro de nome João Borges, que, após fugir da fazenda do Martins, refugiou-se na região do Sapé.

Nanci Ramos de Menezes, também moradora de Sapé, completa contando que a fazenda do Martins existe até hoje, e que nela ainda existem as construções que eram a senzala, onde moravam os negros, e a casa-grande, onde morava o senhor dos escravos. Ela ainda lembra que há uma história da fazenda que conta que os antigos fazendeiros mataram trezentos macacos em um só dia, mas que os membros da comunidade sabem que na verdade foram trezentos escravos mortos no mesmo dia — provavelmente após alguma rebelião local.

Estas tradições têm as mais variadas formas: desde o modo como a comunidade constrói suas casas e utiliza seus espaços comunitários, até a maneira como realizam seus festejos, passando pela forma como conseguem sua subsistência e detalhes de sua religião.

Quilombo São José, Valença/RJ, 2011.

A seguir, iremos conhecer algumas destas tradições.

USO DAS TERRAS NAS COMUNIDADES QUILOMBOLAS

Já falamos muito sobre a luta das comunidades quilombolas pelo direito às terras que habitam e de que tiram sustento; o que nos falta conhecer para entendermos um pouco melhor estas comunidades é a forma como se organizam e utilizam suas terras.

As terras de uma comunidade quilombola, falando de uma maneira bem simples, se dividem entre as terras onde os moradores habitam e aquelas de que eles tiram seu sustento. Comecemos falando das terras em que eles habitam.

Casas de pau a pique cobertas com folhas de buriti, típicas de quilombo, em Memorial do Cerrado, Goiânia/GO, 2010.

As casas destas comunidades em sua maioria seguem a distribuição estabelecida pelos antepassados, sendo muitas vezes organizadas de forma utilitária, visando aproveitar o terreno que ocupam da melhor forma possível, acompanhando leitos de rios ou a costa marinha. Em alguns casos, as casas são distribuídas conforme as tradições de alguns povos africanos, que foram reproduzidas aqui também como um elemento de proteção do quilombo. Nesses casos, as casas seguem uma distribuição retangular ou radial (em círculo), com as construções comunitárias ao centro.

A própria construção das casas segue tecnologias que foram originalmente trazidas de diferentes povos da África. As mais comuns são as casas construídas com adobe, um tijolo de terra crua que chega a durar mais de cem anos; e as casas de pau a pique, que utilizam a técnica do "supapo", em que as paredes são demarcadas com galhos amarrados uns aos outros e o espaço entre as madeiras é preenchido com barro.

A TRADIÇÃO DOS ESPAÇOS COMUNITÁRIOS

Os portugueses iniciaram a colonização do Brasil em pleno mercantilismo, doutrina na qual a força dos países era medida pela quantidade de riquezas que eles possuíam. Esta filosofia se refletia nas famílias portuguesas, cada família buscava acumular riquezas para aumentar seu poder.

Na maioria dos países africanos de onde foram trazidos os escravos, as sociedades se regiam por princípios bem diferentes: embora houvesse disputas pelo poder entre povos e mesmo entre tribos de um mesmo povo, dentro de cada tribo era comum a tradição de todos atuarem juntos em atividades da comunidade.

Esta tradição foi repetida nos antigos quilombos, e em diversas comunidades quilombolas de hoje ainda é preservada. É assim que vemos, em determinadas comunidades, galpões comunitários para produção de artesanato e utensílios domésticos, escolas, igre-

Quilombola trabalhando na casa da farinha, espaço comunitário do quilombo São Cristóvão, em São Mateus/ES.

jas e outros espaços sendo construídos por ações conjuntas da comunidade, além de haver áreas de lazer, como campos de futebol e outras, sem um "dono" do espaço.

Um dos espaços comunitários mais tradicionais, ainda preservado em algumas destas comunidades, é a chamada "casa da farinha". A casa da farinha, como o nome diz, é primariamente um local onde os moradores do quilombo se reúnem para moer mandioca para a fabricação de farinha; mas ela é bem mais que isso: é um ponto de encontro da comunidade, onde seus moradores se reúnem para discutir assuntos de interesse comunitário e para dividir os serviços. Além disso, na casa da farinha são discutidos e decididos assuntos como namoros e o estabelecimento de uniões conjugais.

No fundo, a casa da farinha é um símbolo da união da comunidade e das decisões tomadas em conjunto. Quando uma comunidade abandona a casa da farinha, ela está abandonando todo um modo de vida.

Laura Ferreira, moradora da comunidade de Mutuca, do Quilombo de Mata Cavalo, em Mato Grosso, em seu depoimento ao site da Comissão Pró-Índio de São Paulo conta que todos — homens, mulheres e crianças — se uniram para construir a escola da comunidade. Além disso, ela diz que este esquema de mutirão coletivo é usado para alavancar muito do que falta na comunidade, desde construções até trabalhos na lavoura.

Marisqueiras trabalhando em espaço comunitário do quilombo em Ponta Grossa/PR, 2011.

Agricultura e extrativismo comunitários

Além de características particulares quanto ao uso dos espaços dentro da própria comunidade, como vimos no item anterior, as práticas comunitárias se estendem ao uso das terras que circundam a comunidade para sua subsistência.

Um ponto comum em quase todas as comunidades quilombolas é a existência da agricultura de subsistência e o uso comunitário das terras. Assim, boa parte da comunidade se reúne em esquema de mutirão para preparar a terra e realizar o plantio, para manter as plantações irrigadas e livres de pragas e para a colheita. Como nos antigos quilombos, os produtos são reunidos em celeiros de uso comum, e de lá distribuídos para as famílias da comuni-

> Luciene Prado dos Santos, da comunidade de Furnas de Dionísio no município de Jaraguari, conta que os moradores se uniram em grupos para produzir artesanato, corte e costura e agricultura de subsistência, aproveitando na comunidade as pessoas que antes iam procurar emprego nas cidades vizinhas.

dade ou levados para geração de subprodutos, o que também é realizado de forma comunitária.

Nas comunidades de Ivaporunduva, Sapatu e Pilões, no Vale do Rio Ribeira, em São Paulo, o trabalho de plantio e colheita é semelhante ao que era realizado por seus antepassados. São comunidades bem isoladas, com pouca comunicação com grandes centros urbanos, pelo que são praticamente autônomas.

Nestas comunidades, os conhecimentos sobre como manter a agricultura de subsistência são mantidos pela tradição oral: facões e foices são usados para abrir os trechos de mata para as plantações, a terra é afofada e as sementes são plantadas com o apoio de enxadas, e a colheita é feita também manualmente. O transporte de produtos é realizado no lombo de burros, ou às vezes com o apoio de caminhões da prefeitura.

Nos espaços comunitários, a moagem da mandioca para produção da farinha é realizada com pilões, e para espremer o líquido da massa de farinha usa-se um instrumento que é basicamente o mesmo desde a época da escravidão, o tipiti. Por fim, a massa de farinha é peneirada e armazenada em cofos, que são cestas com bocas estreitas. Tanto as peneiras quanto os tipitis e cofos são produzidos na própria comunidade, com uso de fibras de taquara (planta semelhante ao bambu, mas mais fina) e outros produtos colhidos da própria mata.

O excedente da produção é vendido, e o dinheiro recebido é utilizado para comprar produtos que serão de uso de toda a comunidade. No caso destas comunidades, como é comum em muitas outras, estes produtos são adquiridos a baixos preços por atravessadores que os levam para venda em feiras nos centros urbanos da região.

> Dalva Ferreira da Silva, moradora de Mutuca, do Quilombo de Mata Cavalo, em Mato Grosso, conta que sua comunidade produz banana, mandioca, milho, arroz, batata-doce, cana-de-açúcar, feijão, abóbora e cará, além de criar porcos e galinhas, e que o excedente é vendido tanto localmente quanto em feiras em Cuiabá e Vargem Grande.

Há ainda comunidades que utilizam as terras que as cercam para o extrativismo, como é o caso de diversas comunidades no estado do Pará que sobrevivem da venda de castanhas e outros produtos nativos, e as que vivem da pesca e da criação de suínos ou bovinos. O artesanato, sempre presente nestas comunidades, muitas vezes atende apenas às necessidades da própria comunidade, mas em alguns casos torna-se também uma fonte de renda.

Vale destacar que, apesar dos esforços destas comunidades e de diversos projetos de apoio, a maioria, se não a totalidade destas comunidades, ainda é extremamente carente, o que é ressaltado por uma pesquisa realizada pela Fundação Cultural Palmares, com o apoio da Universidade de Brasília, em 2004. Nesta pesquisa, além de outros levantamentos sobre a condição socioeconômica de 150 comunidades quilombolas, constatou-se que a renda mensal da maioria das famílias não ultrapassa R$ 240,00.

Apesar de todas essas dificuldades, o restante do Brasil ainda tem muito a aprender com os remanescentes de quilombos — por exemplo, a forma sustentável como conduzem suas vidas.

Morador do quilombo Monte Alegre, no Maranhão, conduzindo mula com cestas carregadas de cocos de babaçu, 2008.

ECOLOGIA NAS COMUNIDADES QUILOMBOLAS

Diversas comunidades quilombolas mantêm as práticas tradicionais de uso da terra e de seus recursos que são, conforme o que chamamos hoje, "práticas sustentáveis". Por não serem predatórias e não destruírem o meio ambiente em torno do local habitado, estas práticas permitem que a comunidade se mantenha por um longo tempo no mesmo lugar, vivendo de maneira integrada com a natureza.

Nestas comunidades, a mata nativa só é derrubada quando a madeira é necessária para uso imediato. Além disso, tradicionalmente os moradores procuram retirar madeiras de locais diferentes, permitindo que a mata se recupere, ao invés de devastar totalmente uma região e então partir para a próxima, o que aos poucos destrói a vegetação nativa.

> Helen Jaqueline Pires Belfort, moradora de Santa Rosa dos Pretos, no estado do Maranhão, falando sobre como a falta de terras afeta a subsistência da comunidade quilombola, conta que cada ano a plantação é realizada em um local diferente, só retornando ao mesmo ponto cada seis anos, para permitir a recuperação da terra. Isso, aliado ao crescimento populacional da comunidade, aumenta a necessidade de terras adequadas ao plantio para garantir o sustento de todos.

Da mesma forma, a agricultura de subsistência é realizada a cada ano em uma área diferente — em alguns casos, eles só voltam a plantar no mesmo local seis anos depois, tempo mais que suficiente para a recomposição do solo. Outra prática comum em algumas destas comunidades é a rotatividade de culturas, em que a cada ano é realizado um tipo diferente de plantação. Neste caso, como cada planta tem necessidades diferentes de nutrientes, o solo também tem tempo para se recompor, mesmo que não tanto quanto na rotatividade de áreas.

A caça, a pesca e o extrativismo de recursos naturais também são realizados de forma não predatória, só é tirado do ambiente o que realmente se precisa para a subsistência. Mesmo nos casos em que o produto destas atividades é vendido para outras comunidades, os quilombolas têm o cuidado de fazê-lo sem exageros, para não destruir sua fonte de sustento.

Podemos ver, então, que os conceitos de ecologia e de práticas sustentáveis não aparecem nestas comunidades por conta de aprendizado em escolas ou de programas de conscientização, mas são algo inerente ao seu modo de vida, parte de suas tradições.

No entanto, o crescimento desordenado e o distanciamento das tradições de uso da terra fazem com que diversas destas comunidades se distanciem da sabedoria de seus antepassados, passando a práticas predatórias em nome do progresso.

Oriximiná, cidade do Pará habitada principalmente por quilombolas, 2008.

"A floresta é vida, o rio é vida, o lago é vida. Nosso povo não pode sobreviver sem a terra-mãe. Sem a mãe-água. Nossa vida está ali. Nossos avós escolheram esses locais de liberdade. Formaram comunidades alternativas. Deportados, ligaram sua vida à Amazônia, longe da mãe-África; contudo, fomos adotados pela Mãe-Amazônia... somos amazônidas."

Número dois do Boletim Ronqueira da Associação das Comunidades Remanescentes de Quilombos de Oriximiná, PA.

Para recuperar os benefícios do modo de viver tradicional, sem abrir mão do desenvolvimento da comunidade, diversos projetos têm sido realizados por entidades de apoio aos quilombolas visando recuperar práticas sustentáveis e melhorar a qualidade de vida da população.

É o caso do projeto Manejo, desenvolvido pela Associação das Comunidades Remanescentes de Quilombos do Município de Oriximiná, no Pará, que tem como objetivo "estabelecer formas de vida harmônicas entre as 11 comunidades quilombolas (que fazem parte da associação) e a terra e os recursos naturais da região". No âmbito deste projeto, habitantes de diversas comunidades recebem educação ambiental, ensino de técnicas sustentáveis para agricultura de subsistência e para extrativismo de recursos naturais, além de técnicas para redução e reciclagem de lixo.

Outro exemplo interessante é do projeto realizado pela Unicamp (Universidade Estadual de Campinas) para a criação de uma central de processamento industrial de banana, junto às comunidades quilombolas do Vale do Rio Ribeira, em São Paulo. Estas comunidades têm na produção e venda da banana sua principal fonte de renda, e com esta central de processamento o fruto é convertido em doces e balas, que podem ser vendidos a um preço mais alto, trazendo mais lucros para os trabalhadores. Toda a construção da fábrica foi conduzida de maneira a respeitar os limites ambientais da região, e os habitantes dos quilombos foram orientados sobre a melhor forma de utilizarem o benefício sem depredarem o meio ambiente.

O PAPEL DA MULHER NAS COMUNIDADES QUILOMBOLAS

Desde muito tempo há registros de mulheres negras se destacando na história do país.

Dandara, a esposa de Zumbi, era mãe de três filhos e, segundo histórias mantidas por tradição oral, em 1694 comandava as falanges de mulheres que faziam parte do exército de Palmares.

Francisca da Silva de Oliveira, conhecida como Chica da Silva, é chamada de "a primeira heroína da nascente nacionalidade brasileira" pela historiadora Júnia Ferreira Furtado no livro Chica da Silva e o contratador de diamantes. Segundo a historiadora, a ex-escrava nascida no início da década de 1730 casou-se com o senhor que a alforriou e tinha uma educação e hábitos refinados, tendo uma atuação importante no combate ao preconceito racial na sua época, mais de cem anos antes da abolição dos escravos.

> Laura Ferreira, moradora de Mutuca, do Quilombo de Mata Cavalo, no Mato Grosso, diz que as pessoas de sua comunidade têm consciência de que lutam pelas mesmas coisas que seus ancestrais: pela igualdade, pelo reconhecimento de seu valor independentemente da raça. Ela sabe que a luta não é fácil, mas diz que para alcançar seus objetivos é importante lutar e buscar o mesmo ideal.

Ainda antes da abolição, em 1859, em uma época em que a maioria da população era analfabeta, principalmente negros e em especial as mulheres, a professora e escritora negra maranhense Maria Firmina dos Reis se destacou ao escrever o livro «Úrsula», o primeiro romance abolicionista.

Em 1934, Eugênia Anna Santos, a Mãe Aninha, contribuiu decisivamente para a promulgação do Decreto que pôs fim à proibição aos cultos afro-brasileiros.

Em 1935, em uma época em que mulheres negras ou brancas nem mesmo tinham direito a votar, Antonieta de Barros foi eleita para seu primeiro mandato na Assembleia Legislativa de Santa Catarina, sendo a primeira mulher negra a assumir um mandato popular no Brasil, trabalhando em defesa dos direitos das mulheres de seu estado.

Há muitos exemplos de mulheres negras que se destacam em diversos campos de conhecimento. Infelizmente, isto não é resultado de uma organização social que apoie o aparecimento de talentos entre as mulheres, mas sim um reflexo dos esforços individuais de pessoas excepcionais.

A realidade de muitas mulheres quilombolas não difere daquela das mulheres que habitam outras comunidades carentes, e mesmo da realidade de mulheres que vivem em grandes centros urbanos: ainda há, em todo o Brasil, muito preconceito contra as mulheres.

A luta das mulheres quilombolas por seus direitos é comprovada pelas palavras de Socorro de Oliveira, moradora da comunidade Jauari e participante da Comissão de Mulheres da Associação das Comunidades Remanescentes de Quilombo de Oriximiná (ARQMO), no Pará. Em depoimento para o site da Comissão Pró-Índio de São Paulo, ela conta que antes os homens não participavam das tarefas de casa, mas que o trabalho de conscientização mudou isso e atu-

Moradora do quilombo Monte Alegre, no Maranhão, quebrando cocos de babaçu, 2008.

almente os homens ajudam a lavar louça, arrumar a casa e cuidar dos filhos.

Como já falamos, há muitas características das comunidades quilombolas que variam grandemente de uma comunidade para outra, seguindo a variedade dos povos de origem na África — afinal, são 53 países naquele continente! Assim, encontramos diversas comunidades onde esse preconceito não existe, e homens e mulheres trabalham lado a lado nas tarefas comunitárias.

Helen Jaqueline Pires Belfort é moradora da comunidade de Santa Rosa dos Pretos, no município de Itapecuru-Mirim, no estado do Maranhão, e explica que em sua comunidade homens e mulheres trabalham lado a lado capinando, plantando e colhendo, sem diferenças.

O mesmo ocorre no Quilombo de Ivaporunduva, localizado na região do Vale do Rio Ribeira, ao sul do estado de São Paulo, segundo as palavras de sua moradora Nilzete Rodrigues da Silva de Morais, que em depoimento para o site da Comissão Pró-Índio de São Paulo diz que trabalha na roça, faz artesanato, atua na Pastoral da Criança e faz parte da associação quilombola da comunidade, e que, como ela, homens e mulheres participam juntos das diversas atividades comunitárias.

Há ainda quilombos onde a participação da mulher foi essencial para o estabelecimento da comunidade, como explica Ana Emília Moreira Santos, moradora da comunidade quilombola de Matões dos Moreira, no município de Codó, no Maranhão, que diz que foram mulheres que começaram a ocupação do local e que resistiram às dificuldades iniciais até que a comunidade se estabelecesse.

Não podemos esquecer, também, a importância das mulheres como responsáveis pela condução de muitos dos ritos religiosos africanos, prática que até hoje se mantém com as Yalorixás ou "mãe de santo" do Candomblé.

A seguir, vamos conhecer um pouco mais sobre as religiões trazidas pelos negros da África e suas práticas nos quilombos de hoje.

A RELIGIÃO NAS COMUNIDADES QUILOMBOLAS

No início do período das grandes navegações, os portugueses se depararam com o ativo comércio de escravos que já existia em diversos pontos da África. A Coroa portuguesa, questionada por comerciantes do país, fez uma consulta ao papa perguntando a posição do Vaticano sobre o assunto. A resposta veio no ano de 1452, quando o Papa Nicolau V publicou as bulas Dum Diversos e Divino Amorecommuniti, autorizando os portugueses a reduzirem os africanos à condição de escravos "com o intuito de os cristianizar". Segundo o Vaticano, era melhor que eles fossem tornados escravos e tivessem a oportunidade de salvar suas almas, que viverem livres no paganismo. Tanto era assim, que no Brasil era comum que as igrejas tivessem escravos para ajudar em suas atividades.

Apesar disso, em todo o período em que houve escravidão no Brasil não foi criada nenhuma pastoral (ação oficial da Igreja) com o intuito exclusivo de cristianizar os escravos. O que ocorria, muitas vezes, era padres serem chamados às fazendas para darem missas aos escravos, ou realizarem em suas igrejas cultos específicos para escravos, nos quais eram valorizadas as virtudes da paciência, resignação e humildade, com o intuito muitas vezes explícito de deixar os escravos mais submissos a seus senhores.

Ainda na época da escravidão, algumas irmandades foram criadas por iniciativa popular com o objetivo de levar ensinamentos católicos aos escravos, como a Irmandade de Nossa Senhora do Rosário dos Homens Pretos e a de São Benedito. Se, por um lado, estas irmandades ensinavam práticas da Igreja católica para os negros, por outro, também acabaram absorvendo diversas de suas práticas mediante o sincretismo religioso.

Os povos de origem dos escravos, por sua vez, tinham religiões as mais diversas. Os haiçás, por exemplo, eram principalmente muçulmanos, e os bantos tinham religiões variadas que se baseavam no culto aos ancestrais e a espíritos ligados às forças naturais da terra, havendo guardiães de rios, montanhas e florestas.

A retirada dos negros de sua terra natal também quebrou seus vínculos religiosos, pois foram afastados de suas igrejas, mesquitas e templos; perderam seus vínculos familiares e, portanto, o conhecimento de sua linhagem, que era a base para o culto aos ancestrais, e ainda foram afastados da natureza que conheciam e das forças espirituais que viam associadas a ela. Estes fatores acabaram tornando muitos dos escravos mais acessíveis à religião dos portugueses.

> Dalva Ferreira da Silva, moradora da comunidade de Mutuca, do Quilombo de Mata Cavalo, em Mato Grosso, expõe que durante as missas as rezas não são faladas, mas cantadas pelos membros da comunidade, costume incorporado das antigas religiões africanas.

Apesar disso, muito das tradições religiosas africanas sobreviveu na rica mistura cultural que deu origem a religiões genuinamente brasileiras, como a Umbanda e a Quimbanda, e gerou uma versão do Candomblé africano com elementos únicos.

Estas diferentes religiões possuem diversos elementos que as distinguem e incluem alguns pontos em comum, como a invocação de espíritos (orixás, na língua original), danças e música, aos quais foram adicionados elementos típicos da religião católica, como o uso de imagens de santos nos templos. Este sincretismo também modificou muitas práticas de igrejas católicas, com o aparecimento de missas com maior participação popular, cantoria e danças.

Desde o início do século XIX, as religiões de cunho nitidamente africano começaram a tomar força no Brasil. Em 1830, foi formalizado o funcionamento regular do primeiro terreiro de Candomblé da Bahia, conhecido como Terreiro da Casa Branca do Engenho Velho, conduzido por Mãe Nassô.

Em 1910, Eugênia Anna Santos, mais conhecida como Mãe Aninha, saiu do Terreiro da Casa Branca do Engenho Velho e fun-

Casa Branca, primeiro terreiro de candomblé do Brasil, em Salvador/BA, 2011.

dou o Ilê Axé Opô Afonjá ("Casa de Força sustentada por Afonjá"), terreiro de Candomblé que hoje é considerado Patrimônio Histórico Nacional.

Mãe Aninha muito contribuiu para a popularização do Candomblé para toda a população, independentemente de raça ou de posição social, além de lutar pelo seu livre exercício. Osvaldo Aranha, na época ministro do presidente Getúlio Vargas, frequentava seu terreiro e foi consagrado filho de santo por Mãe Aninha. Sob sua influência, o ministro conseguiu que fosse promulgado o Decreto Presidencial nº 1.202, pondo fim à proibição aos cultos afro-brasileiros em 1934.

O Candomblé é uma religião repleta de termos trazidos do dialeto Yorubá, como Lyalorixás ou Yalorixá, que vêm de Iya ("mãe") e Orixá ("santo", divindades criadas pelo deus supremo Olorun). Estas mulheres, muitas vezes denominadas "mães de santo", são chamadas carinhosamente por seus

> Nonato Sena, morador da comunidade quilombola de Santa Joana, diz que quando era menino observava os rituais de Verekete, que eram acompanhados por muitas brincadeiras seguidas de batidas de tambor, e que chegou a ajudar nestes eventos.

104

seguidores de Iyaiyá, que poderia ser traduzido como "mamãe". Muito desta riqueza cultural pode ser visto no museu Ilé Ohun Lailai ("Casa das Coisas Antigas", em dialeto Yorubá), inaugurado em Salvador, Bahia, em 1999, no andar inferior da Casa de Xangô. Este museu reúne objetos de culto, roupas e muita informação sobre a história do Candomblé e das Lyalorixás.

Em muitas comunidades quilombolas, no entanto, as práticas de religiões de origem africana vêm sendo deixadas de lado devido, principalmente, ao crescimento das igrejas evangélicas.

Na comunidade de Santa Joana, no município de Codó, no Maranhão, a maioria da população é evangélica ou católica; apenas os mais velhos se lembram da época em que Légua Bogi Buá e Verekete eram cultuados. Légua Bogi Buá se relaciona com a divindade Legba, adorada na região oeste da África, no reino de Daomé, enquanto o povo Fon adorava a divindade Avlekete.

Os ritos desta comunidade incluíam danças e toque de tambores realizados em um terreiro estabelecido em barracão, e são lembrados pelos seus moradores como o "Tambor de Verekete", "Pormata" ou "Terecô".

Hoje, o barracão onde eram realizadas as cerimônias não existe mais, embora alguns dos antigos integrantes ainda participem de terreiros em outras localidades, e outros ainda toquem o tambor quando convidados em comunidades vizinhas.

> Maria Inácia Antônio de Farias e Silva, moradora de Lagoa da Pedra, católica mas cuja mãe era rezadeira e benzedeira, falando sobre as festas religiosas da comunidade, diz que a tradição de que o Coração de Jesus é padroeiro da família e dos casados e que Maria é a padroeira dos solteiros é coisa antiga, que mesmo os mais velhos moradores da comunidade já acreditavam neste conceito desde pequenos.

Já em Lagoa da Pedra, no estado de Tocantins, a maioria da população é católica, e quase todas as festividades são ligadas a esta religião, embora com elementos bastante pitorescos: por exemplo, em maio há uma festa para comemorar o "Doce

Coração de Maria ou Festa dos Solteiros", e em junho é comemorado "Sagrado Coração de Jesus ou Festa dos Casados".

Além dessas festas, há a Folia do Sagrado Coração de Jesus, festa semelhante à Folia do Divino Espírito Santo que ocorre em diversas regiões do Brasil na época do Pentecostes.

A estes costumes de origem claramente católica, nesta comunidade misturam-se outros cuja origem é desconhecida dos moradores, mas que provavelmente têm suas raízes em ritos ancestrais trazidos da África, como por exemplo acender fogueiras à frente das casa dos viúvos, o que atualmente é realizado no dia 28 de junho, dia de São Pedro.

Outro costume bastante curioso desta comunidade, mantido pelas tradições orais, é que quando um caixão de morto parece muito pesado, dizem que o defunto não está preparado para ir ao cemitério. Alguns moradores atestam que em alguns casos o caixão fica tão pesado que ninguém consegue carregá-lo. Para que o funeral possa continuar, eles realizam uma simpatia: surram o morto com ramos de árvores, o que faz com que ele fique mais leve. Maria Inácia Antônio de Farias e Silva, moradora de Lagoa da Pedra, confirma a tradição e inclusive lembra de um caso recente em que um morto "não queria sair de casa", mas que após lhe baterem com cipó verde seu caixão ficou mais leve e conseguiram levá-lo ao cemitério.

A influência das religiões trazidas de diversos povos da África também pode ser notada em muitas das festas populares atuais, ligadas ou não à religião, como o Tambor de Mina, Bumba Meu Boi, Reisado e variações diversas da festa do Divino. Algumas dessas manifestações se perderam no tempo, outras estão sendo redescobertas e reavivadas com o apoio de projetos nas comunidades quilombolas, como por exemplo a festa do pássaro Taxan, na comunidade quilombola de Bom Jardim, no Pará.

Vamos conhecer um pouco mais sobre estas festividades a seguir.

Festividades religiosas nas comunidades quilombolas

Muitas das festividades das comunidades quilombolas estão associadas à religião, embora em alguns casos esta ligação tenha se perdido no tempo, restando apenas a tradição da festa como um evento cultural.

Usualmente estas festas são acompanhadas por músicas, comidas, danças e outras diversões. "Tem quermesse, tem forró, tem frango no bingo", conta Benedito Alves da Silva, morador de Ivaporunduva, no município de Eldorado, no Alto Vale do Rio Ribeira, falando sobre a festa mais tradicional de sua comunidade, a comemoração do dia de Nossa Senhora do Rosário, celebrada no dia 12 de outubro.

A predominância das festividades católicas é ponto comum em muitas comunidades quilombolas, como no caso de Furnas de Dionísio no Mato Grosso do Sul. Luciene Prado dos Santos, moradora local, conta que Santo Antônio é o padroeiro de sua comunidade e que sua festa é a mais tradicional. Além disso, ela diz que a comunidade é dividida entre católicos e evangélicos e que todo mês acontecem duas ou três festas.

> Ana Emília Moreira Santos, moradora de Matões dos Moreira, no Maranhão, lista as festas da comunidade, todas associadas a datas religiosas: Santa Luzia (padroeira da comunidade) e Nossa Senhora da Conceição em dezembro, São Bento em março, mutirão de rezas em setembro.

Na comunidade quilombola de Matões dos Moreira, no Maranhão, a maioria das festividades também tem cunho católico, mas também há espaço para outras comemorações como o Bumba Meu Boi, a Mangaba, o Terecô e o Tambor de Crioula. Ana Emília Moreira Santos, moradora do povoado, lembra que o Terecô é originário da Umbanda, e que sua mãe é uma das que faziam a dança do Tambor de Crioula em sua comunidade.

Esta mistura de diversas influências religiosas nas festividades tradicionais é comum nas comunidades quilombolas, como podemos confirmar pelo depoimento de Helen Jaqueline Pires Belfort, moradora da comunidade de Santa Rosa dos Pretos, também no estado do Maranhão, que diz que a comunidade é muito católica, mas que também possui diversas outras expressões culturais, como o Tambor de Crioula, o Tambor de Mina e o Coco. Enquanto o Tambor de Crioula é uma dança comum na festa de São Benedito, o Tambor de Mina, também chamado por alguns membros da comunidade de Tambor de Macumba, é executado em diversas festividades. A comunidade ainda tem um grupo que ensaia o Bumba Meu Boi, e quando há algum evento, segundo ela, há espaço para todas estas manifestações.

Outra festa muito comum entre as comunidades quilombolas, especialmente aquelas situadas nas regiões Norte e Nordeste do Brasil, é o Reisado.

O Reisado, também chamado de Folia de Reis, é uma festa originalmente realizada por portugueses e seus descendentes para comemorar o Dia de Reis, com músicos e dançarinos realizando procissões pela cidade e anunciando a chegada do Messias. Em uma mistura das culturas portuguesa e de diversos países africanos, foram incorporados ao Reisado diversos personagens: além dos reis e dos nobres que os acompanham, temos o mestre, o contramestre, os moleques, e referências ao rei do Congo; e o próprio tema da festividade se modificou em alguns locais, perdendo a associação com o Dia de Reis e contando histórias de guerra, de amor ou religiosas.

Embora quase todas estas festas estejam associadas a algum tipo de dança, há aquelas danças que não estão associadas especificamente a nenhuma festa e ocorrem em diversas épocas do ano, ou em diversos dias em determinada época, como as festas juninas. Vamos a seguir conhecer um pouco mais sobre a dança nas comunidades quilombolas.

DANÇAS NAS COMUNIDADES QUILOMBOLAS

A dança é parte integrante do dia a dia de diversos povos na África. Há danças para comemorar colheitas, para agradecer aos deuses, para celebrar nascimentos, para lembrar os mortos e para conseguir coragem antes de uma batalha. Como seria de se esperar dada a riqueza cultural do continente, as danças variam muito de local a local, e muito desta variedade foi trazido para o Brasil.

As danças africanas normalmente se realizam em fileiras ou em círculos, todos dançando juntos, sendo raras danças que sejam realizadas em pares ou a sós. É comum o uso de roupas especiais, máscaras ou tinta sobre o corpo, que são utilizadas para tornar a dança mais expressiva.

Um bom exemplo destas danças é o Tambor de Crioula, dança típica muito comum nas comunidades quilombolas do Maranhão. Nascida das danças de cunho religioso conhecidas como Tambor de Mina e Tambor de Nagô, esta dança é realizada ao som de um conjunto de tambores de percussão que reforçam o ritmo comandado por três tambores, um grande (chamado Socador), um médio (Crivador) e um pequeno (Pererenga ou Pirerê). A dança normalmente é realizada apenas por mulheres, que vestem blusas brancas, saias coloridas, turbante de tecidos e colares e se requebram ao ritmo da percussão, movendo-se em círculos. No centro do círculo, uma dançarina faz sua apresentação e, ao concluí-la, escolhe a próxima batendo barriga contra barriga, na chamada "umbigada".

> Tânia Maria dos Santos Silva, moradora de Sapé, em Minas Gerais, explica que Guardas de Moçambique é o nome de uma dança folclórica executada em várias cidades próximas, como Brumadinho e Belo Horizonte, contribuindo assim para tornar a comunidade quilombola conhecida na região.

As danças tradicionais são um dos orgulhos da comunidade de Mutuca, do Quilombo de Mata Cavalo, em Mato Grosso. Segundo Laura Ferreira, moradora do local, as diversas danças — Siriri, Cururu, Dança Afro — são a principal manifestação cultural da comunidade.

Também há diversas danças em Furnas de Dionísio, no Mato Grosso do Sul: Dança do Engenho Novo, Dança do Gatira, Capoeira e Cobrinha, segundo conta Luciene Prado dos Santos, moradora da comunidade.

Na comunidade de Sapé, localizada no município de Brumadinho, em Minas Gerais, as danças mais tradicionais são o Congado e a Guarda de Moçambique.

Como vemos, é muito grande a variedade de danças típicas, e cada comunidade quilombola tem um rico acervo cultural que merece ser preservado. O trabalho de preservar estas tradições é muitas vezes realizado por membros da própria comunidade, como no caso do quilombo de Bom Jardim, no Pará, onde ocorre a curiosa Dança do Pássaro Taxan.

> Maria Ivanildes dos Santos, moradora de Bom Jardim, no Pará, conta que houve uma época em que a Dança do Pássaro Taxan morreu por um tempo, mas que agora o povo tem consciência de que não pode esquecer suas tradições culturais. O Pajé, que revive o pássaro durante as festividades, também é responsável por manter viva a tradição, celebrando a festa cada ano.

Esta manifestação cultural estava até há pouco tempo esquecida e foi reavivada pelos esforços dos moradores da comunidade, como conta Maria Ivanildes dos Santos, responsável pelos preparativos e ensaios das apresentações.

Segundo a tradição, Taxan é um pássaro africano que tem as costas azuis e o peito amarelo, e sua história é contada através de danças, versos e apresentações de atores acompanhadas pelo som do violão, pandeiro, marimba e xeque-xeque. Entre sambas, valsas e balanços de roda, é encenada a história do pássaro que foge de um caçador e é defendido por vários personagens, até que finalmente é capturado e morto pelo seu perseguidor. Finalmente, o pássaro (sempre interpretado por uma menina solteira e sem filhos) é levado a um pajé, que o traz de volta à vida.

Duas danças em particular, a Capoeira e o Maculelê, merecem destaque pela sua origem diferenciada, não associada a motivos religiosos, e pela sua característica de serem uma mistura de dança, esporte e arte marcial.

A Capoeira e o Maculelê

A Capoeira, mistura de esporte, dança e arte marcial, merece destaque, entre as muitas tradições nascidas no seio dos africanos trazidos ao Brasil, por ter se elevado ao status de esporte nacional e sido reconhecida internacionalmente como expressão cultural genuinamente brasileira.

O berimbau é um instrumento de uma corda só, provavelmente criado a partir das lembranças de instrumentos semelhantes que existem até hoje em alguns países da África, e adaptado conforme os poucos recursos que os escravos tinham para produzi-lo.

Mas este destaque não ocorreu da noite para o dia e só aconteceu pelo esforço heroico de muitos mestres que se empenharam para tirá-la da marginalidade.

Quando os primeiros bantos chegaram à Bahia e se depararam com as crueldades a que estavam expostos como escravos, perceberam que precisavam de uma forma de treinar suas lutas sem que seus dominadores percebessem. Não ficou registrado exatamente quem foi o primeiro a pensar em disfarçar este treinamento como uma dança tradicional, mas a ideia funcionou por muito tempo, e a Capoeira se espalhou por diversas fazendas e engenhos da região.

Na Capoeira original, conhecida como Capoeira de Angola, um grupo de participantes se reunia em uma grande roda, ao som de palmas e do berimbau. Dois dançarinos iam para o centro da roda, cumprimentavam-se e iniciavam sequências de movimentos lentos e gingados, simulando ataques e defesas. Ao fim da apresentação, eles retornavam à roda e eram substituídos por outros dois.

Com o fim da escravidão e o início da República foi produzido um novo Código Penal, que incluía a proibição da realização da Capoeira, classificando-a como uma atividade de marginais.

Esta situação perdurou por quase cinquenta anos até que o baiano conhecido como Mestre Bimba começou a organizar a Capoeira como um esporte, criando uma metodologia de ensino. Para isso, ele fundiu a Capoeira de Angola com o Batuque, que era outra forma de Capoeira, criando a Capoeira Regional, que tem movimentos mais ágeis, até acrobáticos, e um acompanhamento musical mais rico, com ritmos variados que são cantados e tocados no berimbau com o apoio de tambores e pandeiros.

Aos poucos, a academia de Mestre Bimba começou a ser frequentada por membros da classe média, inclusive muitos estudantes universitários, e novas academias foram fundadas.

Finalmente, em 1937, Mestre Bimba teve a oportunidade de defender sua visão da Capoeira, realizando uma apresentação para o presidente Getúlio Vargas, como parte de sua solicitação para que o artigo que criminalizava a Capoeira fosse retirado do Código Penal.

A tática deu certo: o artigo foi retirado do Código Penal, e as academias de Capoeira começaram a prosperar: a Capoeira, hoje, é uma arte marcial genuinamente brasileira, e não só não é mais vista como atividade marginal, mas é inclusive uma prática esportiva recomendada pelo governo de alguns estados.

Moradores do quilombo São José da Serra, no Rio de Janeiro, dançam o jongo, dança típica da comunidade, 2011.

De maneira semelhante à Capoeira, o Maculelê (palavra provavelmente oriunda do swahili "kélélé", que significa tumulto, algazarra, e cujo plural é "makélélé") nasceu como uma forma de os escravos poderem treinar técnicas de ataque e defesa de maneira disfarçada de seus senhores. Nele, os participantes realizam saltos, acrobacias e coreografias diversas segurando dois pedaços de madeira ou, em alguns casos, facões, que são batidos uns contra os outros acompanhando a percussão de atabaques.

Os primeiros registros da dança são de 1757, mais de cem anos antes do fim da escravidão, quando uma apresentação foi realizada em homenagem à inauguração da Igreja de Santo Amaro da Purificação, na Bahia. A dança, que é derivada da dança africana Cucumbi, inicia-se com os participantes tocando seus tambores pelas ruas, batendo paus e realizando a dança gingada característica, na chamada "marcha de Angola". Chegando a um local previamente combinado — usualmente uma praça — eles se organizam em uma roda em cujo centro os dançarinos realizam a dança guerreira, envolvendo movimentos rápidos e choques fortes entre os paus ou facões que carregam.

MÚSICA

Da mesma forma que a dança, a música é parte integrante do dia a dia de diversos povos na África, não sendo reconhecida como uma forma independente de arte, mas sim como algo intrínseco à vida da comunidade, assim como os costumes comunitários.

Como era grande a variedade de povos e costumes, também havia um número infindável de canções, desde as muito específicas, como para celebrar a queda de um dente de uma criança, até as usadas para animar guerreiros antes de uma batalha e canções de elogio e escárnio, contratadas para serem cantadas por um profissional em festejos.

O canadense Ernest Borneman realizou estudos antropológicos com foco em música e separou oito grupos básicos de canções entre os africanos da região costeira do Golfo da Guiné — apenas um dos povos trazidos ao Brasil:

1. De jovens fazendo corte às moças
2. De mães para acalmar e educar os filhos
3. De iniciação dos mais velhos para os mais jovens
4. De chefes para impor ordem à comunidade
5. De líderes religiosos para impor respeito aos crentes
6. De guerreiros para adquirir coragem nas batalhas e amedrontar os inimigos
7. De sacerdotes e curandeiros para influir sobre a natureza (fertilidade, chuvas, pragas etc.)
8. De trabalhadores para cadenciar e suavizar suas tarefas

Nos navios negreiros, raramente os negros levavam algo mais que a roupa do corpo, pois os traficantes de escravos temiam que qualquer coisa pudesse ser usada para ajudar na fuga ou mesmo para suicidar-se, uma vez que o desespero não era incomum. Com isso, os instrumentos usados nas diversas regiões da África não puderam ser trazidos ao Brasil, e a improvisação a partir dos recursos limitados de que dispunham levou à criação de instrumentos de percussão (diversos tipos de tambores, como os atabaques, socadores e pirerês; pandeiros e outros), de corda (como o berimbau) e de sopro (vários tipos de flautas e apitos), além de chocalhos e outros instrumentos usados até hoje.

A contribuição dos africanos de diversas nações para o conjunto da música brasileira foi inestimável. Além do Samba, gênero musical que é associado em todo o mundo com o Brasil, os negros foram responsáveis pela criação de dezenas de ritmos tradicionais, como o Carimbó, o Maracatu, o Maxixe e o Lundu, além de ritmos mais recentes como o Axé, a Lambada e o Pagode. Além disso, sofrendo também a influência de ritmos nascidos nas comunidades negras de outros países, também trouxeram ao Brasil o Soul, o Gospel e o Funk.

Milhões de representantes de diversos povos africanos foram trazidos à força para o Brasil durante mais de trezentos anos de escravidão e, apesar dos grilhões e castigos, foram elementos fundamentais para a criação da identidade nacional do Brasil de hoje. Suas contribuições vão desde noções sociais de trabalhos comunitários até a música, passando pela ecologia, religião, dança e festividades. Se hoje o povo Brasileiro é visto como hospitaleiro, adaptável e possuidor de uma grande riqueza cultural, devemos isso a estes homens, mulheres e crianças que, à sua revelia, transformaram o Brasil em sua nova pátria.

Além disso, não podemos esquecer os frutos do seu trabalho que nos cinco séculos desde a descoberta do Brasil gerou riquezas, ajudou a desbravar e garantiu a ocupação de novas regiões, expandindo as fronteiras do país, e em última instância permitiu que o Brasil atingisse o patamar atual de potência mundial, respeitado tanto pelo seu poder econômico quanto pela sua grande variedade cultural.

Mas ainda há muito a ser feito para dar aos remanescentes de quilombos algum tipo de compensação pelo sofrimento histórico e atual por que passaram, e ainda passam.

Vamos conhecer um pouco destes desafios a seguir.

DESAFIOS PARA O FUTURO

Há muito trabalho a ser feito antes que o Brasil tenha uma visão geral a respeito das comunidades quilombolas, e ainda mais trabalho até que todas sejam reconhecidas e tenham seus direitos garantidos.

Por volta de 1980, devido à falta de interesse das autoridades em realizar um levantamento mais completo e até à falta de critérios sobre como classificar determinada comunidade como remanescente de quilombo, julgava-se que havia apenas algumas dezenas destas comunidades no país. Em meados de 2012, soube-se que este número é de pelo menos 1.820 comunidades (aquelas já certificadas pela Fundação Cultural Palmares), sendo que este número pode chegar a 3.644 (número de comunidades que, até julho de 2012, pediu o reconhecimento).

Dado o grande número de comunidades quilombolas, a pressão para que estas terras não sejam tituladas também cresceu bastante, e os desafios para melhorar a qualidade de vida em todas elas também são imensos.

Fazendeiros, indústrias, políticos e outros grupos com interesses particulares reclamam que a demarcação de terras impede o progresso, pois as terras demarcadas não podem ser exploradas.

Religiosos classificam as religiões das comunidades como paganismo e, se não conseguem convertê-las, passam a difamar a religião e seus seguidores, gerando preconceito e isolamento.

As comunidades têm dificuldade para vender o resultado de seu trabalho, seja agricultura, pecuária ou artesanato, e muitas vezes são exploradas por atravessadores, que pagam preços baixíssimos para comprar produtos que são revendidos com grande lucro em comunidades ou cidades vizinhas.

Dentro das próprias comunidades ainda há muito trabalho, principalmente quanto à autoestima de seus habitantes, que devem não só reconhecer o passado de luta de seus ancestrais, mas também orgulhar-se dele. Além disso, é necessário convencer os membros da comunidade de que o governo, que nunca se importou com eles, pode ajudá-los caso se organizem e lutem pelo reconhecimento da comunidade, tarefa também difícil após tantos séculos de abandono.

Vejamos com mais detalhes alguns destes desafios.

REGULARIZAÇÃO DAS TERRAS

Sempre que se fala em comunidades quilombolas, este é o primeiro desafio que é mencionado.

Como vimos, o caminho da titulação é longo e árduo, e começa pela organização da própria comunidade para lutar pelos seus direitos. Além disso, lembramos que no Ato das Disposições Constitucionais Transitórias da Constituição de 1988 foi estabelecido um prazo de cinco anos para demarcação de todas as terras indígenas, mas no caso dos quilombolas nenhum prazo foi estabelecido. Até hoje, mais de vinte anos depois, mais da metade dos quilombos continua à espera de avaliação pela Fundação Cultural Palmares, e apenas 121 foram efetivamente regularizados pelo Incra. Neste ritmo, serão necessários mais 600 anos para regularizar todas as comunidades quilombolas!

Além disso, a regularização nem sempre resolve o problema das terras dos quilombolas, pois para que a comunidade possa efetivamente utilizar suas terras é necessário que grileiros e posseiros sejam retirados – o que muitas vezes demora anos para acontecer.

É o caso, por exemplo, da comunidade de Furnas de Boa Sorte, que teve suas terras tituladas pela Fundação Cultural Palmares

Posseiros - moradores antigos, que vivem em uma terra sem terem sua propriedade legalmente formalizada.

Grileiros - indivíduos que expulsam os moradores antigos para tomar posse da terra. O termo também é usado para designar aqueles que compram terras com escrituras falsas ou irregulares.

em 2000 com 1.402,39 hectares, mas como a Fundação não desapropriou os antigos proprietários nem retirou os invasores, pouco mudou para a comunidade sobre esta questão até 2012.

É necessário, portanto, buscar um processo mais ágil para a titulação, obviamente sem abrir mão dos devidos controles para evitar eventuais abusos e com uma ação mais forte das entidades envolvidas para garantir que, além da regularização, o uso das terras seja efetivamente garantido.

MELHORAR AS CONDIÇÕES ECONÔMICAS

Segundo pesquisa do IBGE de 2010, negros e pardos são 52,3% da população nacional, mas representam 65% dos que vivem em estado de pobreza e 70% dos que vivem em estado de extrema pobreza.

> Luciene Prado dos Santos, da comunidade quilombola de Furnas de Dionísio, no Mato Grosso do Sul, diz que o maior desafio de sua comunidade é fazer com que seus habitantes acreditem em seu poder, acreditem que caso se unam conseguirão que as autoridades apoiem projetos de melhoria da comunidade.

Mais especificamente sobre as comunidades quilombolas, uma pesquisa realizada pela Fundação Cultural Palmares em 2004, com o apoio da Universidade de Brasília, constatou que a renda mensal da maioria das famílias não ultrapassa R$ 240,00.

A falta de dinheiro impacta em quase todos os aspectos destas comunidades, como saúde e infraestrutura básica.

É essencial, portanto, que governo e sociedade se unam em projetos para dar a estas comunidades condições de melhor produzir e comercializar seus produtos, incrementando desde a sua capacidade produtiva até a sua capacidade de transportar e comercializar produtos nas cidades vizinhas.

Melhorar a qualidade de vida das comunidades

A falta de condições econômicas se reflete na saúde, quando verificamos que, segundo dados do IBGE, 80% da população negra ou parda é usuária do SUS. Ainda de acordo com o IBGE, a mortalidade infantil entre crianças negras e pardas chega a 6,2%, enquanto entre as crianças brancas é de apenas 3,7%. Além disso, a expectativa de vida dos afro-brasileiros é de 67,8 anos, enquanto a dos brancos é de 74 anos.

Não há dados estatísticos específicos das comunidades quilombolas, mas se considerarmos que elas estão entre as mais pobres do Brasil, é razoável supor que estas estatísticas devem ser ainda piores nestas comunidades.

Além da saúde, boa parte das comunidades quilombolas carece de infraestrutura básica que garanta água potável, esgoto, luz, telefone, transporte e emprego para seus moradores.

Como muitas comunidades se encontram dentro ou próximas de áreas de preservação ambiental, atender às suas necessidades básicas sem comprometer o meio ambiente é um desafio à parte, sendo necessários projetos que melhorem as condições de vida e de trabalho sem abrir mão das práticas históricas sustentáveis e, se possível, reforçando-as.

> Altina de Farias Dias, moradora do Quilombo da Lagoa da Pedra no Tocantins, conta que seu neto só soube que era descendente de escravos e que a comunidade de seus pais era um quilombo aos 18 anos de idade.

Em se tratando da educação, os desafios também são grandes: além de construir escolas e capacitar professores, se possível da própria comunidade, é necessário que sejam estabelecidos conteúdos curriculares que trabalhem de maneira adequada a questão quilombola, reforçando a autoestima dos alunos e valorizando aspectos da história e da cultura locais: muitas crianças criadas nestas comunidades, ou descendentes de seus moradores, ou não têm consciência de seu passado ou, em muitos casos, têm vergonha dele.

A questão da inclusão de informações sobre os quilombolas de hoje nos parâmetros curriculares é fundamental, não apenas para estas comunidades, mas para todo o Brasil, como forma de esclarecer as futuras gerações sobre o assunto e, principalmente, apoiar o combate ao preconceito.

COMBATER O PRECONCEITO

Talvez o maior desafio não só das comunidades quilombolas, mas de todos os brasileiros, seja combater o preconceito, seja ele religioso, de raça ou de classe social.

Desde que os primeiros negros chegaram ao Brasil, suas religiões foram classificadas como bruxaria ou paganismo e sua prática foi ativamente combatida pelos senhores de escravos e por representantes da Igreja Católica. A solução encontrada foi disfarçadamente utilizar símbolos e ritos católicos para continuar suas práticas religiosas, o que gerou um grande sincretismo e até mesmo novas religiões.

Infelizmente, este quadro de perseguição e preconceito continua nos dias de hoje, com o avanço de igrejas evangélicas que, no afã de conseguirem mais seguidores, classificam as manifestações culturais e religiosas mais diretamente associadas às raízes africanas como satanismo ou magia, aumentando o preconceito religioso e diminuindo o número de membros destas religiões.

Apesar disso, alguns costumes destas religiões persistem, como o das rezadeiras que dão suas bênçãos em momentos especiais como nascimentos e casamentos e que utilizam chás e defumações com ervas para a cura de doentes; mas muito das religiões originais já se perdeu.

Para combater o preconceito racial são necessárias ações estruturadas de comunicação do governo e da sociedade civil, de forma a tornar a questão mais visível, mostrar que apesar do que por vezes é dito na imprensa ainda existe muito preconceito, e que só com ações que promovam uma mudança cultural real é que conseguiremos mudar este quadro.

> Ana Emília Moreira Santos, moradora da comunidade quilombola de Matões dos Moreira, no Maranhão, em seu depoimento para o site da Comissão Pró-Índio de São Paulo conta que trabalhou em um levantamento dos terreiros de Codó em sua região em que foram cadastrados mais de duzentos terreiros, e que depois deste levantamento ainda soube da criação de quatro novos terreiros. Ana Emília diz que às vezes ouve dizer que Codó é magia negra e acha que isso é preconceito, que deveriam dar oportunidade para o Codó resgatar sua religiosidade original, o Terecô de Codó.

Estas ações devem envolver não apenas os que se consideram brancos, para que modifiquem sua forma de pensar e atuar, mas também os que se consideram negros ou descendentes de negros, para que tenham orgulho de sua raça e não se sintam em nada inferiorizados em relação aos outros, que é o primeiro passo para mais ativamente brigarem por seus direitos.

> Guilhermina Santos Silva, moradora do povoado quilombola de Patioba, no Vale do Rio Conguitiba, em Sergipe, conta que antes da titulação achava ruim quando falavam que ela era uma "negra do quilombo", mas que atualmente ela tem orgulho de ser negra e, além disso, tem orgulho de ser moradora de um quilombo.

CONCLUSÃO

A maioria dos brasileiros ainda acha que os quilombos só existem nos livros de história, como locais ermos onde os escravos se escondiam para fugir de seus senhores.

Lendo este livro não só descobrimos que ainda há milhares de quilombos no Brasil, como conhecemos um pouco da dura vida dos habitantes destes povoados historicamente abandonados pelo governo e esquecidos pela sociedade.

Aos poucos, esta situação está mudando, com programas de esclarecimento e projetos de apoio às comunidades quilombolas — no entanto, ainda há muito a fazer.

Quem não sabe que um problema existe nada faz para resolvê-lo; mas quem sabe tem a obrigação moral de buscar sua solução — conhecimento gera responsabilidade.

E você, agora, faz parte do grupo de brasileiros que sabe sobre este grande problema, esta dívida histórica que todos temos com aqueles que foram trazidos à força para o Brasil, forçados a trabalhar como escravos sob ameaças e castigos, e depois simplesmente largados à própria sorte, em uma liberdade tão cercada de preconceitos que por vezes foi tão cruel quanto a escravidão.

Passe a mensagem adiante, informe-se, engaje-se. Não esqueça que o aluno de hoje é o professor, o empresário ou o presidente de amanhã; se cada um se conscientizar da seriedade da questão e passá-la adiante, pode ter certeza que as soluções não tardarão a aparecer.

Fechamos lembrando as palavras de Benedito Alves da Silva, morador da comunidade quilombola de Ivaporunduva, do Vale do Rio Ribeira, em São Paulo, que em seu depoimento para o *site* da Comissão Pró-Índio de São Paulo orienta sobre o primeiro passo a ser dado para que se resolvam as questões das comunidades quilombolas no Brasil: assumir sua negritude. Benedito diz que a primeira questão é o negro não ter vergonha de ser negro, assumir sua verdadeira identidade com orgulho de seu passado e esperança em seu futuro.

Suas palavras são universais: não importa sua raça, você precisa ter orgulho de quem é e de seu passado. Só assim você estará realmente preparado para os demais desafios. Portanto, orgulhe-se: se você está lendo este texto, já é um vencedor!

Axé para todos!

Jovens em Salvador/BA, 2012.

Axé é uma palavra Yorubá que significa "energia", "força", ou "coragem".

REFERÊNCIAS

ANJOS, Rafael Sanzio Araújo dos. *Quilombolas*: Tradições e cultura de resistência. Fotografias de André Cypriano. São Paulo: Aori Comunicação, 2006.

BRASIL. Constituição (1988). *Constituição da República Federativa do Brasil*, 1988. Brasília: Senado Federal, 1988.

BRASIL. Decreto nº 4.887, de 20 de novembro de 2003.
Disponível em: <http://www.planalto.gov.br/ccivil_03/decreto/2003/d4887.htm>.

BRASIL. Programa Brasil Quilombola. Presidência da República, Secretaria Especial de Políticas de Promoção da Igualdade Racial, Subsecretaria de Políticas para Comunidades Tradicionais. Disponível em: <http://www.seppir.gov.br/acoes/pbq>.

CARRIL, Lourdes. *Terras de negros, herança de quilombos*. São Paulo: Scipione, 2002.

MORENO, Juliana Cavalheiro. *Temporalidades da paisagem*: uma análise das temporalidades que emergem no espaço de vida da comunidade Pedro Cubas, Vale do Ribeira, SP. Dissertação (Mestrado em Ciência Ambiental) – Programa de Pós-Graduação em Ciência Ambiental, Universidade de São Paulo, São Paulo, 2009.

MOURA, Clóvis. *Os quilombos e a rebelião negra*. 2. ed. São Paulo: Brasiliense, 1981.

MOURA, Glória. *Festa dos quilombos*. Fotos de Lamberto Scipioni. Brasília: EdUnB, 2012.

QUARESMA, Ruben de Azevedo. *Ética, direito e cidadania*: Brasil sociopolítico e jurídico atual. Curitiba: Juruá, 2008.

SIQUEIRA, José Jorge; NASCIMENTO, Maria Beatriz; LOPES, Helena Teodoro. *Negro e cultura no Brasil*: pequena enciclopédia da cultura brasileira. [S.l.]: Centro de Cultura Enidabre e Unesco, 1987.

TERRITÓRIOS quilombolas. Relatório do Incra, 2012.

TESKE, Wolfgang. *Cultura quilombola na Lagoa da Pedra – Arraias – TO*. Brasília: Edições do Senado Federal, 2010.

As informações sobre processos de titulação de terras constantes das TAB. 2 e 3 deste livro foram consolidadas a partir de relatórios disponíveis nos seguintes *sites*:

FUNDAÇÃO CULTURAL PALMARES.
Disponível em: <http://www.palmares.gov.br>.

INSTITUTO NACIONAL DE COLONIZAÇÃO E REFORMA AGRÁRIA – INCRA. Disponível em: <http://www.incra.gov.br>.

Os depoimentos mencionados no correr desta obra podem ser conferidos em sua íntegra no seguinte *site*:

COMISSÃO PRÓ-ÍNDIO. São Paulo.
Disponível em: <http://www.cpisp.org.br>.

INDICAÇÕES DE LIVROS

Para os alunos

DINIZ, André. *Quilombo Orum Aie*. Rio de Janeiro: Galera Record, 2010. (Quadrinhos)

LACERDA, Carlos. *O quilombo de Manuel Congo*. Rio de Janeiro: Edições Lacerda, 1998.

LOBÃO, Alexandre. *Uhuru*. Brasília: LGE Editora, 2009.

SANDRONI, Luciana. *Um quilombo no Leblon*. Rio de Janeiro: Pallas, 2011.

Para os professores

ABRAMOWICZ, Anete; GOMES, Nilma Lino. *Educação e raça:* Perspectivas políticas, pedagógicas e estéticas. Belo Horizonte: Autêntica, 2010. (Coleção Cultura Negra e Identidades)

CARNEIRO, Edison. *O Quilombo dos Palmares*. São Paulo: Martins Fontes, 2011.

FAZZI, Rita de Cássia. *O drama racial de crianças brasileiras.* Belo Horizonte: Autêntica, 2004. (Coleção Cultura Negra e Identidades)

FIABANI, Adelmir. *Mato, palhoça e pilão:* O quilombo, da escravidão às comunidades remanescentes. São Paulo: Expressão Popular, 2005.

GOMES, Flávio dos Santos. *Histórias de Quilombolas:* Mocambos e comunidades de senzalas no Rio de Janeiro, século XIX. São Paulo: Companhia das Letras, 2006.

INDICAÇÃO DE *SITE*

Educação quilombola - http://portal.mec.gov.br/index.php?option=-com_content&view=article&id=12400&Itemid=690

Alexandre Lobão, nascido no Rio de Janeiro, tem formação acadêmica em Ciência da Computação, mas se tornou um escritor premiado, com obras publicadas no Brasil e no exterior. Sua produção é eclética, voltada para leitores de diferentes faixas etárias e abrangendo desde livros técnicos sobre jogos para computadores a obras de ficção para crianças, jovens e adultos. Por meio de pesquisas, com um levantamento cuidadoso de informações, consegue abordar temas variados e apresentá-los ao leitor de forma atraente e estimulante. Além da literatura impressa, Alexandre transita em outras mídias, tendo produzido diversos roteiros para quadrinhos, desenhados por artistas de várias partes do país, e roteiros para cinema e animação. Saiba mais sobre o autor em www.alexandrelobao.com.